EL ESPLENDOR
DE LOS
CRISTALES
DE CUARZO

EL ESPLENDOR DE LOS CRISTALES DE CUARZO

Su Purificación, Energetización, Formación y Programación

Jennifer Dent

Grupo Editorial Tomo, S. A. de C. V.
Nicolás San Juan 1043
03100 México, D. F.

1a. edición, noviembre 1999.
2a. edición, junio 2002.

CRYSTAL CLEAR
A Guide to Quartz Crystal
© 1994 Jennifer Dent

Traducción: Pilar Quintana Tejero

© 2002, Grupo Editorial Tomo, S. A. de C. V.
Nicolás San Juan 1043, Col. Del Valle
03100 México, D. F.
Tels. 5575-6615, 5575-8701 y 5575-0186
Fax. 5575-6695
http://www.grupotomo.com.mx
ISBN: 970-666-213-8
Miembro de la Cámara Nacional
de la Industria Editorial No. 2961

Diseño de la Portada: Emigdio Guevara
Diseño Tipográfico: Sergio R. Rutiaga
Supervisor de Producción: Leonardo Figueroa

Impreso en México - *Printed in Mexico*

RECONOCIMIENTOS

Antes que nada me gustaría agradecerle a Lazaris, por la inspiración, la percepción, la cordialidad y el sentido de humor que he adquirido por medio de las cintas de audio, las cuales me han sido tan útiles mediante los dos últimos años. Le agradezco también a Barbara Lever y a Paul Venn por el "Encanto" de la Lectura, por su apoyo durante muchos años y por la recomendación de Barbara para escribir el libro y a Paul y a Cilla King por el uso de la computadora y sus interminables tazas de té. También le doy las gracias a David Goodworth, June Thompson, Chris James, Phillipe y Miguel por toda su ayuda.

Le agradezco en particular a mi esposo Rik, por la edición y la prueba de lectura del libro y por haber escrito él solo, el Capitulo Tres, con un estilo de alguna manera único y por su apoyo y valor todo el tiempo.

Finalmente, en especial le doy las gracias a Julia y a John Day de la editorial Capall Bann por su ayuda y su enfoque personal a la publicación.

ACLARACIÓN

Este libro de ninguna manera tiene la intención de ser interpretado como receta en ninguna enfermedad u otra condición física o mental.

**Este libro está dedicado
a todos aquellos que sueñan
—todos sus sueños pueden realizarse**

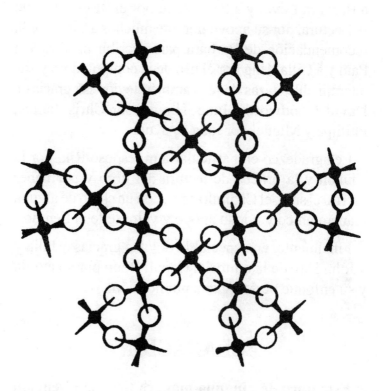

En la informe oscuridad de la noche
una estructura crece
Los puntos que conectan para
crear una estrella
Compuestos de brillantes
y cristalinas luces
El Cristal Vivo "respira"
y nace
Para trabajar con el sanador
y el adivino
Para convertirse en la luz
que es el Transparente Cristal

INTRODUCCIÓN

El Cristal de Cuarzo Transparente, en su forma hexagonal conocida de seis lados, siempre me ha parecido que es el más evocador de todos los cristales.

No tiene el valor del diamante, así que retiene su valor intrínseco y de una extraña manera parece actuar como un catalizador en la conciencia humana. Es un enlace evidente entre la luz y la materia —es luz con forma sólida— y como tal ha llenado el vacío de los dos mundos, de la tecnología y la magia, y se usa en ambos.

El Capítulo 1 explica los motivos por los cuales considero que el cuarzo es un mineral particularmente importante y el propósito de este libro es introducir ideas, conceptos y usos prácticos en relación con el cristal de cuarzo. Al trabajar con este cristal estamos cooperando activamente con la naturaleza, en vez de trabajar en contra del mundo natural que muchas veces ha sido la norma en años recientes.

Al igual que con todas las "herramientas", nosotros como humanos debemos tener el poder y no estar esclavizados por las cosas con las que trabajamos. Trabajar con el cristal de cuarzo nos da una oportunidad para tener el poder, porque necesitamos desarrollar la claridad de mente y de intención en nuestro manejo con este cristal.

El cristal de cuarzo no "lo hace" por nosotros, solo lo "hará" con nosotros y por lo tanto no es algo que nos despoje de nuestras propias habilidades o nuestra conciencia. Debe realzar nuestra realidad y expandir nuestras mentes, porque si no lo hace, entonces el cristal se convierte en otro objeto innecesario en nuestra búsqueda de "algo" que "lo haga" por nosotros.

Desde principios de 1960, he estado interesada y he estudiado el tema del color, el cual a su vez me condujo a descubrir un reino de terapias vibratorias como es el uso de la luz, el color, el sonido, los aceites aromáticos, las esencias florales y los cristales.

Los cristales evocaron una respuesta, en particular los cristales de cuarzo transparentes, que no se puede explicar racionalmente. Inspiran una sensación de lo sagrado, de misterio, la magia y la luz y he pasado muchos años estudiando su atractivo y usando cristales para sanación y muchos otros propósitos.

He reunido muchos minerales y gemas, que me encantan, pero el cristal de cuarzo sigue siendo el más evocador de todos. Tienen la costumbre de aparecer en mis sueños, algunas veces de una manera mundana, otras veces de una manera especial, así que finalmente me decidí a hablar con otros de los cristales de cuarzo y empecé a dar conferencias con mi esposo Rik, a todos los que tuvieran interés en aprender más sobre estos hermosos cristales, como un proceso natural, este libro vio la luz. No es un libro grande, ni demasiado complicado y está dedicado para aquellos que estén interesándose justamente en el tema y quieran que sus preguntas básicas tengan respuesta, así como todos los que ya están involucrados con cristales que, espero puedan encontrar algo nuevo.

Jennifer Dent
Cristal Viviente
Julio de 1994

Capítulo 1

¿POR QUÉ SON TAN IMPORTANTES LOS CRISTALES?

La popularidad y el interés en Cristales, Gemas y Minerales, incluyendo el Cuarzo, se ha incrementado enormemente durante los últimos diez años aproximadamente. Con la oleada de interés que se ha incrementado en los asuntos espirituales, en las formas de sanación naturales, el medio ambiente y las llamadas ideas de la "Nueva Era", los cristales se han convertido en una fuente de atractivo, algunas veces de asombro y misterio para mucha gente.

De niños, pudimos haber sido de los que recogían piedras y conchas de la playa, pudimos haber jugado con nuestras piedras en vez de hacerlo con nuestros juguetes, o pudimos habernos sentido atraídos, de una manera inexplicable a la misma idea de los cristales.

Tal vez nos imaginamos estructuras o palacios de cristal en los cuentos de hadas, o cuevas de cristal, bolas y varitas mágicas de cristal en los mitos y las leyendas. El cristal era con lo que se hacían los sueños. ¿Así que donde se encuentra la atracción?

¿Estamos más relacionados con los cristales de lo que nos damos cuenta? Probablemente.

Consideremos que el Cristal de Cuarzo es un Arquetipo, tiene una Energía Arquetípica. ¿Qué significa esto? La palabra Arquetipo, tiene sus raíces en las palabras Griegas, Arche, que significa inicio u origen y Tupos (tipo) que significa imagen o patrón. De modo que un Arquetipo es un patrón original o una imagen inicial. Lo que sea un Arquetipo, por su misma naturaleza es simbólico para nosotros en un nivel interno de pensamiento. Un Arquetipo está profundamente arraigado en nuestra psique. Los símbolos muchas veces son arquetípicos y podrían considerarse como un patrón que en la dimensión física es el reflejo de un patrón o una imagen en la realidad inmaterial.

¿Es posible que el pensamiento tenga una estructura, una estructura invisible o use una estructura de algún tipo para manifestarse así mismo? ¿Podría ser que esta estructura actúe como un código, el cual se estampa a sí mismo en un pensamiento coherente y esta estructura podría ser geométrica o posiblemente cristalina por naturaleza? En esta etapa sólo podremos especular.

Sin embargo, sabemos que nuestros cuerpos contienen muchos minerales y estructuras cristalinas. Un gran porcentaje de nuestro cuerpo está constituido por agua, el cual es un mineral líquido que se cristaliza en un punto de congelamiento. Nuestros cuerpos contienen estructuras cristalinas, es decir, nuestras células de sales, tejido graso, linfas, células rojas y blancas de la sangre, colesterol y glándulas pineal y timo, posiblemente todas tengan estas estructuras. Hasta se ha insinuado que nuestro cerebro está lleno de cristales líquidos, permitiéndole actuar de una manera semejante a los chips de silicón de una computadora.

La forma de doble hélice del ADN, cae en la categoría de una sustancia biocristalina, porque es altamente ordenada y un proyecto complejo helicoidal que tiene información de almacenamiento y habilidades de duplicación (se clasifica técnicamente como un cristal de época).

De modo que podemos ver que tanto física como psicológicamente, tenemos fuertes conexiones con las estructuras cristalinas.

También es intrigante saber que en Glasgow, un bioquímico llamado Alexander Cairns-Smith, en su estudio sobre la manera en que se inició por primera vez la vida biológica, empezó por preguntar —¿cual es una de las cualidades centrales que definen la vida? Determinó que la respuesta era la habilidad para reproducirse o auto reproducirse exactamente. Ahora, usualmente se considera que el auto reproductor original es el ADN, ¿pero era posible que hubiera genes auto reproductores antes del ADN, que no hubieran sido tan susceptibles al daño del primer medio ambiente en la tierra? Lo que se necesitaba eran genes que pudieran adquirir y retener la información y usar esa información para interactuar con su entorno.

Así que Cairns-Smith preguntó, si había algo aún más simple que el ADN que poseyera todas estas habilidades y la respuesta fue si —ese algo eran los cristales.

Después de estudiar más la teoría se propuso que una forma cristalina, que no sólo interactuara con su entorno de una manera compleja y ordenada, sino también poseyera una tendencia innata para evolucionar, fue una suspensión coloidal de partículas de cuarzo en el agua, ¡conocida comúnmente como barro!

¡Alexander Cairns-Smith no fue el primero que propuso esta sugerencia!!

Otro motivo por el que el cuarzo tiene un significado para nosotros, es por su gran significado. Aquí tenemos una pieza de tierra sólida, que ha crecido y evolucionado en una estructura altamente organizada y compleja. Se ve como si hubiera sido tallada por la mano humana. Ha crecido en la oscuridad y sin embargo es transparente y llena de luz, de hecho si se le golpea, liberará luz. En los tiempos antiguos debe haber parecido bastante mágica. Aún actualmente nos sirve recordar que hay luz en forma sólida y, tal vez, una inteligencia organizadora inherente en la tierra y el cosmos y puede ser justamente una consciencia viva y consciente dentro de la materia inanimada.

Los cristales pueden ayudarnos a recordar que somos, como lo es todo lo demás que existe en este planeta, energía, consciencia y luz dentro de la forma.

Capítulo 2

CRISTALES A TRAVÉS DEL TIEMPO

Los cristales son antiguos, muy antiguos. Dentro de la tierra se han estado formando cristales de cuarzo desde que la tierra se solidificó en forma. Obviamente es una sustancia importante para la tierra y por lo tanto debe ser importante para nosotros. Hasta se ha insinuado que el cuarzo actúa como el sistema nervioso de la tierra, de alguna manera.

Ahora, eso no quiere decir que todos los cristales que tenemos actualmente son tan antiguos como la tierra, ya que los cristales se han estado formando y reformando durante milenios, pero la consciencia inherente en los cristales puede haber tenido acceso a la consciencia acumulada del Cristal de Cuarzo que abarca los tiempos. El controvertido biólogo, Rupert Sheldrake, ha propuesto la teoría de los campos morfogenéticos. Estos son campos de la forma que se modelan con resonancia mórfica que lo semejante influye en lo semejante, a través del tiempo y del espacio. Esta teoría ofrece una armazón o estructura, para comprender como puede ser posible que hasta las formas inanimadas tengan un impacto entre ellas.

Los cristales pueden considerarse incapaces del movimiento ya que, a diferencia de nosotros, no pueden decidir en subir y moverse, sin embargo, se las arreglan para expanderse ellos mismos por todo el mundo y llegar a diferentes sitios y personas y posiblemente estar exactamente en donde ellos quisieron o necesitaron estar. A través de la consciencia de la tierra en el movimiento de la corteza terrestre, en las habilidades del hombre para minar y transportar, el cristal viaja —quién sabe por qué designio.

Así que aquí está, un cristal en tus manos, conteniendo la sabiduría en los tiempos, el Maestro Silencioso, algunas veces se le hace referencia en las antiguas tradiciones, como "los velos de la tierra" o la luz congelada.

La importancia de los cristales y en particular el Cuarzo, ha sido reconocida por muchas civilizaciones. Ahora existen leyendas, que surgen sobre la civilización perdida de la Atlántida, que cuentan sobre los múltiples usos del cristal para generar energía, transportación, comunicación y propósitos de sanación. Este antiguo conocimiento parece que se está dando a conocer él solo a través de gentes como Frank Alper, que ha escrito sobre los usos del cristal en la Atlántida, Edgar

Cayce, el famoso psíquico y médium en trance y Lazaris una entidad que se canaliza a través de Jach Pursel.

Lazaris ha hablado de una civilización aún mas antigua, de Lemuria, cuyo pueblo habitaba en hermosas ciudades de cristal y predominantemente tenía minas de Cristal de Cuarzo y Lapislázuli, algunas de las cuales molían en polvo para hacer pastas que se usaban sobre el cuerpo con propósitos de sanación.

De hecho, según Lazaris, cuando la civilización Lemuria estaba por llegar a su fin, no por una destrucción sin motivo sino porque la civilización llegó a su destino y estaba lista para cambiar, el pueblo altamente evolucionado de Lemuria tomó sus cristales de cuarzo y los impregnó con información y conocimiento, del mismo modo que actualmente guardamos la información en una computadora. Estos cristales fueron entonces enviados o llevados a otras áreas del mundo, como la antigua civilización Atlante, o fueron enterrados y escondidos en algunas partes de la tierra para esperar un tiempo futuro. Otros fueron esparcidos naturalmente cuando los cataclismos finales sacudieron el continente de Lemuria, que existió en el Océano Pacífico, en los albores de los tiempos.

Al final de la tercera civilización Atlante, la cual parece que se destruyó a sí misma, de igual modo, los cristales de cuarzo fueron enviados o llevados a África, Grecia, el Medio y el Lejano Oriente y a Gran Bretaña.

Después, a través de las grandes civilizaciones de los Egipcios, se filtró el conocimiento Atlante. Sin embargo los Egipcios se concentraron más en el sonido, el color y las energías del diseño y de la forma, como las estructuras masivas de las pirámides y el uso de los cristales no era tan predominante.

La civilización Sumeria desarrolló la talla de cristales a mano, en la cual se convirtió altamente experta. Sin embargo, como sociedad, vivieron suplicando y apaciguando a los dioses y estaban orientados totalmente hacia la supervivencia, de modo que el uso de cristales como herramientas se hizo a un lado.

Así que, aunque gran parte del conocimiento y la consciencia del uso de los cristales disminuyó a través de los siglos, un poco de la sabiduría, fue transmitida a través del tiempo por las Escuelas de los Misterios de varias culturas y aquellos que estaban abiertos, como los Chamanes o los Hechiceros de diversas tribus, reconocieron y usaron los cristales de cuarzo como una herramienta.

El pueblo de la Tribu Semang de la Península de Malasia creía que en la iniciación de su Chaman, los Seres Celestiales o Espíritus le daban cristales de cuarzo. Creían que un espíritu vivía en el cristal y le ayudaba al Chaman a ver las causas de las enfermedades y el método requerido para la sanación.

El Chaman de los Mares Dyaks, o Iban, de Malasia del Este, tenía una caja que contenía una colección valiosa de objetos mágicos, siendo los más importantes los cristales de cuarzo que ellos llamaban "Piedras de Luz".

En Australia y Sudamérica, las tribus creían que el Chaman era llevado hacia alguna cueva o cima de una montaña para su iniciación, donde a él se le abría el cuerpo y se le daba una serie de órganos internos hechos de cristal de cuarzo que lo investían para actuar como Chaman.

Al candidato Aborigen se le tapaban los ojos y lo llevaba dentro de una cueva su maestro iniciador y una vez adentro, se le quitaba la venda de los ojos y él se encontraba en un sitio de luz con cristales de cuarzo resplandeciendo en las paredes. Entonces se le daban varios cristales y se le enseñaba como usarlos.

Algunos Aborígenes colocaban diminutos cristales justo debajo de la piel, lo cual le daba un poder adicional. En particular valoraban los Cristales Arco Iris, que ellos creían que guardaban la energía de la Serpiente del Arco Iris. El Arco Iris, en su cultura era el puente entre el mundo de los hombres y el mundo espiritual.

Los Pieles Rojas de América, reconocían que en esencia el cristal es luz atrapada y conocían sus propiedades piezoeléctricas. Algunas veces golpeaban o molían los cristales para liberar la luz y creían que la luz divina que había sido liberada atraía las almas de los antepasados que habían partido.

Los Chinos llamaban al cristal Sui Ching que quiere decir Esencia del Agua. También lo llamaban la Piedra Viviente porque creían que pulsaba con la vida. También usaban cuarzo para calmar su sed en las jornadas largas, colocando una pieza en su lengua. También tanto los Chinos como los Japoneses lo conocían, como Suisho —Hielo de Agua.

Los Japoneses creían que el cristal era el aliento cristalizado del Dragón Sagrado. Tenían tres tesoros en su mitología: la espada —valor, el espejo— compasión y el cristal —verdad. También lo conocían como la joya perfecta "Tama", un símbolo de pureza e infinidad del espacio, paciencia y perseverancia.

La palabra Cuarzo posiblemente podría derivar de la palabra Alemana "querertz" que significa "mineral de cruce" por la manera en que el cuarzo se da en forma de vetas que cruzan otras vetas de minerales.

La palabra cristal deriva de la palabra Griega Krystallos que significa Hielo Claro, ya que creían que el cristal era hielo que estaba encerrado permanentemente.

La palabra Amatista también deriva de una palabra Griega, Amethystos —que significa desintoxicante y este cristal se consideraba como remedio para la ebriedad. La amatista algunas veces fue tallada en forma de vasos para beber, ya que se pensaba que el vino que se bebía de la copa de Amatista no provocaría una conducta indecorosa.

Los Romanos, que se dieron cuenta que el cuarzo permanecía frío durante mucho tiempo (es un pobre conductor del calor) utilizaron este hecho, posiblemente hasta creían que el cuarzo era una especie de hielo solidificado y las damas ricas de Roma portarían esferas de cristal en sus manos durante los días de calor para ayudarse a mantenerse frescas.

Por su conexión con el agua se ha utilizado mágicamente para crear la lluvia en muchas partes del Pacífico, Australia y Nueva Guinea.

En la antigua Bretaña se le conocía como Piedras de las Estrellas y se usaba en la magia popular.

Los Druidas acostumbraban llevar consigo huevos de cristal, se creía que estaban cargados con la magia y que si alguien estaba enfrentando un juicio y se descubría que tenía un huevo de cristal en su poder, se les condenaba a muerte porque se consideraba que habían tenido una ventaja injusta.

En ciertas partes de Irlanda los Cristales se llamaban las Piedras de los Dioses y se enterraban con el muerto.

Los pueblos antiguos creían que las estrellas eran cristales que estaban detenidos por la Reina del Cielo que llegó a conocerse como Asteria, posteriormente Astarea, la Diosa Romana de la Justicia.

Hay una leyenda Griega sobre Hercules, que lanzó el Cristal de la Verdad sobre el Monte Olimpo, donde se estrelló en millones de pedazos y se esparció por todo el mundo.

Las bolas o esferas de Cristal tienen una larga historia de uso en la adivinación, usualmente llamada "percepción". Comúnmente se usaron en la India, Asia y Sudamérica y en Gran Bretaña desde la época medieval. Las bolas de cristal se han encontrado en tumbas Sajonas en Chatham, Chussel Down en la Isla de Wight, Breach Down, Barham, Nr Canterbury, Fariford, Gloucestershire y en Kent.

El chaman o adivino del pueblo de Yucatán, dependía mucho de su Zaztum o "piedra transparente". Posiblemente esta piedra era una bola de cristal de cuarzo transparente, tenía que ser purificada de acuerdo a sus ritos especiales, ante ella se quemaba incienso de copal y se recitaban ciertas fórmulas mágicas. Cuando estaba lista para usarse, el adivino imploraba poder ver en las profundidades del cristal el paradero de los artículos perdidos y qué estaban haciendo las personas en el momento de la consulta. También era capaz de adivinar el futuro.

Una de las esferas de cristal más grande y más perfecta se encuentra en la (Cámara Verde) "Grune Gewolbe" en Dresden. Pesa 15 libras Alemanas y mide 6 2/3" de diámetro. Costó diez mil dólares en 1780.

Una bola de cristal que se conoce como Cristal Currahmore, guardada por el Marqués de Waterford, tenía fama de poseer poderes mágicos. La leyenda nos relata que fue comprada en Tierra Santa donde se le dio a uno de Le Poers por el gran paladín Godefroy de Bouillon en el siglo 11. La bola es ligeramente más grande que una naranja y está rodeada por un anillo de plata. Se dice que su virtud principal es que tiene el poder para curar la enfermedad del ganado.

Los Budistas acostumbraban colocar esferas de cuarzo transparente en sus altares y las llamaban la "nada visible".

Durante 1920 en la parte Británica de Honduras, un cráneo tallado en cristal ha llegado a conocerse como el cráneo de Michell-Hedges por su descubridor, se encontró debajo de un Altar Maya. Posiblemente tiene una antigüedad entre 20,000 y 500,000 años. Los afortunados que han examinado el cráneo insinúan que es posible que sea una especie de cristal con un banco de memoria, conteniendo probablemente una gran cantidad de conocimiento antiguo.

También es posible que los antiguos Sumerios o hasta los Babilonios, que eran expertos en la talla del cristal, hayan tallado muchos cráneos de cristal que fueron utilizados como dispositivos proféticos para mantener al pueblo asombrado por las castas sacerdotales de ese tiempo.

No sólo tenemos mitos y leyendas antiguas que indican un conocimiento interno de los cristales, sino que hay por lo menos dos "mitos" modernos que son muy poderosos en relación con la energía del cristal.

El primero es la historia de Superman que nació en el planeta Kriptón. Superman, también conocido en la tierra como Clark Kent, fue enviado a la tierra por su padre Jarel, cuando se dio cuenta que su planeta estaba en un peligro inminente de destrucción.

Jarel y su esposa colocaron a su bebé en una cápsula que contenía muchos cristales programados o codificados, que le enseñarían a su hijo durante su larga jornada hacia la tierra. A su debido tiempo, un cristal verde resplandeciente "llamó" a Clark Kent cuando llegó a cierta edad. Clark Kent lanzó este cristal verde a los Hielos del Polo Norte, donde se catalizó la manifestación de la Fortaleza de la Soledad, siendo esta misma totalmente cristalina por naturaleza.

El segundo "mito" moderno es la historia del Cristal Encantado. Este era un cristal clave gigantesco que actuaba como una fuente de poder para toda la civilización. La sustitución de un fragmento desplazado catalizaba una increíble transformación de la consciencia y la materia a un nivel más elevado. De modo que podemos ver un hilo de conexión a través de los siglos del tiempo, un hilo de claridad, verdad, justicia, de luz, de poder y de divinidad que simboliza el Cristal y aún hoy en día tiene importancia para nosotros.

Capítulo 3

LA FORMACIÓN Y LOS ASPECTOS CIENTÍFICOS DEL CUARZO O "AZÚCAR Y ESPECIAS, PARTÍCULAS FÍSICAS INDIFERENTES"

escrito por Rik Dent

En el principio, generalmente se creía que las niñas pequeñas estaban hechas de azúcar y especias y todas las cosas agradables, y el cuarzo se creaba por el aliento cristalizado del dragón.

Sin embargo, la ciencia indica que este no es el caso, además insinúa que todo, sean niñitas o antiguos tractores, en realidad están hechos de cosas mucho más pequeñas. Brazos, dientes, hígado y bazo en el caso de las niñitas y motores, caja de velocidades y tubos de escape en el caso de los antiguos tractores.

Estos diversos submontajes pueden hacerse y en este nivel es bastante tedioso y sólo es interesante para los especialistas concernientes, pediatras y mecánicos del taller en este caso.

Regresando al cuarzo, tal vez el dije alrededor del cuello de la niñita, o la pieza del reloj del tablero del tractor, encontramos que están hechos con otra cosa. El cuarzo está hecho de silicio y oxígeno (Dióxido de Silicio — SIO_2 — receta a continuación).

Intenta imaginarte un hermoso día de verano, estás sentado en una silla en la terraza observando distraídamente como flotan las nubes, escuchando quizás el canto de una alondra. Entonces de repente, desde el techo de un tractor que está cerca, una niñita avienta un puñado de cuarzos que pesan aproximadamente 2 kilogramos, en tu pie descalzo.

El problema con las partículas físicas, en un momento como este, es casi seguro que todo sea similar a las plumas sobre una tortuga. La observación nos dice que las grandes piezas de cuarzo que caen en picada, siempre se comportan de una manera muy evidente y cualquiera que sea lo suficientemente afortunado para chocar con una, insistirá que sólo está hecha de una gran cosa sólida, es decir, un trozo de cuarzo.

Con el fin de desenredar este enigma, ahora debemos profundizar en la Ciencia Reductora Newtoniana.

El cuarzo está compuesto de silicio y oxígeno, si colocas un poco de silicio en un recipiente, le agregas oxígeno y los agitas vigorosamente durante cinco minutos (ignorando el hecho de que el oxígeno por si mismo tiende a ser un gas), terminarás únicamente con una mezcla de silicio y oxígeno y no con cuarzo. El cuarzo está compuesto de silicio y oxígeno. Un compuesto se forma cuando dos o más elementos se unen químicamente. Los elementos son cosas que se hacen por si mismas y eso es definitivo.

Por ejemplo, toma agua, su nombre químico es H_2O. Todos podemos recordar esto de la escuela —la H es por el Hidrógeno y la O por el Oxígeno, el 2 viene después de la H, de modo que sabemos que son 2 de H y 1 de O. Ya sabemos que no tiene caso poner 2 partes de Hidrógeno con 1 parte de Oxígeno en una coctelera, por mucho que la agitemos, no obtendremos agua.

El punto de todo esto es llegar a las partículas diminutas y aquí estamos hablando en pequeño. La pieza más pequeña de agua que puedes tener es una molécula. Ahora, el agua siendo un compuesto de hidrógeno y oxígeno requiere de 2 átomos de hidrógeno y 1 de oxígeno para formar una molécula. Estamos acostumbrados a ver los átomos y las moléculas representadas en la televisión, por cosas que se ven como bolas de billar, de modo que en la televisión una reacción química implicando al agua tendría una imagen de bolas de billar con una "A" en ellas para mostrar que son moléculas de agua. Por supuesto, ninguno creemos que las moléculas son esféricas porque la televisión nos muestra que la molécula del agua está compuesta por 2 bolas de billar con una H sobre ellas, unidas por líneas a 1 bola de billar con una O sobre esta para representar los átomos.

La vida nos funcionaría muy bien si creyéramos que los átomos son pequeñas esferas unidas entre ellas con una especie de tallo, supuestamente estos "tallos atómicos" son los que provocan que las cosas sean sólidas al sujetar a los átomos individuales para que no estén a la deriva.

Llevando este modelo hipotético del universo a su conclusión ilógica, encontraremos que los acorazados átomos estaban unidos por tallos verdaderamente resistentes y bien amarrados y las camas de plumas de los átomos tendrían sus átomos bien amarrados. Desafortunadamente esta analogía es tan incorrecta como el modelo de trabajo de azúcar y especies de las niñitas.

Los átomos, igual que las niñitas, están hechos de cosas aún más pequeñas. Los ingredientes de un átomo son los protones, los neutrones y los electrones. Con el interés del suspenso, lo cual es un mecanismo para mantener una narración interesante, no voy a mencionar los protones, los neutrones o los electrones otra vez, por un rato, en cambio voy a hablar sobre los cristales y su crecimiento.

Tendemos a pensar que las cosas que son animales o vegetales crecen y las cosas que son minerales no. El cuarzo y otros cristales crecen. Esta es una afirmación correcta aunque pienso que es de algún modo engañosa. Lo que sucede es esto. Muy profundamente bajo la tierra, debido a la presión extrema, todo se encuentra realmente en un estado líquido fundido. Un mal día esta "cosa" fundida sale y alzamos nuestras manos al aire y decimos "Ay no, es un volcán". Sin embargo, casi siempre esta acción volcánica está muy adentro de la superficie y como la "cosa" fundida caliente se abre camino por las grietas y las fisuras, gradualmente se le va terminando el vapor.

Esta cosa fundida propiamente se llama magma y es una mezcla de cualquier cosa que suceda que sea una mezcla. El magma contiene una mezcla de elementos en su estado fundido. Sin embargo, no están distribuidos equitativamente de modo que una muestra de magma podría, por lo menos en teoría, contener cualquier cantidad de elementos en cualquier proporción.

Cuando estas grandes gotas del humeante magma caliente llegan hasta donde van, la temperatura empieza a ceder y todos los átomos de los diversos elementos presentes se agitan menos y descienden sus oscilaciones (la velocidad de la oscilación de un átomo es la que determina si es un gas, un líquido o un sólido). A medida que disminuyen su velocidad, dependiendo de lo que esté presente, los átomos individuales se agrupan. De modo que si hay una mínima pizca de silicio y una gran cantidad de oxígeno arremolinándose, cuando empiezan a enfriarse, sus oscilaciones disminuyen y empiezan a "adherirse". A un átomo de silicio "le gusta" unirse con 2 átomos de oxígeno para formar una molécula de dióxido de silicio. (¡Recuerda que en nuestro modelo hipotético del universo, las moléculas están hechas de átomos unidos por pequeños tallos!). Una molécula de silicio siempre es exactamente igual a otra, porque la forma como "se sostienen" los átomos está determinada por la disponibilidad de nuestros tallos atómicos hipotéticos.

Habiéndose formado en molécula, no es exactamente posible que otro átomo ya sea de silicio o de oxígeno se les adhiera, ya que no existe un "tallo" disponible para que esto suceda. Sin embargo, es posible que otra molécula se "adhiera" a nuestra primera molécula, pero solo de una manera muy específica. Esto es por la forma en que los átomos originales se unieron, dejando sólo un camino para que la siguiente molécula "embone" y así sucesivamente.

En realidad, con el tiempo el dióxido de silicio empieza a formarse, el magma ya no sigue siendo magma, es más una especie de una solución de minerales en agua caliente, en serio, porque los átomos "más pesados", oro, plomo, etc., "se salieron" antes del magma, dejando casi todas las cosas "ligeras" que tendemos a encontrar como gases, dióxido de carbón, agua y oxígeno por ejemplo. Esta agua caliente pegajosa, propiamente se llama solución hidrotérmica, lo cual por supuesto significa agua caliente pegajosa, ¿No es maravillosa la ciencia?

De cualquier modo, los átomos se unen a los átomos de una manera altamente ordenada, y nuestro cristal de cuarzo de seis lados que conocemos empieza a crecer. Todos los cristales deberían tener puntas perfectas en cada terminación y los seis lados deberían ser exactamente iguales, pero las restricciones del espacio, los obligan a crecer como lo hacen. Muchos cristales empiezan a formarse en la roca, de modo que no hay posibilidad de que tengan una punta al final.

¡Habiendo dicho todo lo que tengo que decirles, que lo que acabo de decir es un pequeño trabalenguas! Aunque el cuarzo está hecho de Dióxido de Silicio (SIO_2), la unidad básica o componente esencial si lo deseas, de los silicatos es el SIO_4 Tetraedro (a pesar del debate que se está dando con respecto a si el cuarzo es un Silicato o un Oxido).

Todo es bastante complicado y pienso que el enfoque de los átomos y las moléculas es más adecuado para nuestros propósitos, aunque es estrictamente incorrecto. Así que la próxima vez que estés en el bar y un Cristalógrafo esté dando lata con enlaces covalentes y las esquinas que comparte el tetraedro, no los amenaces con darles un puñetazo, solo sonríe adrede contigo mismo —es lo que hago siempre.

La receta para el cuarzo es:

1 Parte de Silicio con 2 Partes de Oxígeno —mézclalos completamente con agua, dióxido de carbono, calor y tiempo.

¿Cuanto tiempo toma para que crezca un cristal de cuarzo? Bueno aquí también hay un poco de debate sobre esto. Algunas gentes dicen que son cientos o hasta millones de años, porque la solución hidrotér- mica no es capaz de enfriarse, porque está rodeada de rocas calientes y el calor no puede ir a ninguna parte. Otros insinúan que sale un rápido chorro caliente pegajoso y zas ahí está tu cristal. Ten presente que sólo se necesita unos cuantos días para crecer un cuarzo artificialmente. En lo personal yo voy con esa escuela de pensamiento "de no tanto tiempo", pero en realidad nadie sabe.

Es posible que quieras intentar el siguiente experi- mento sencillo, lo cual demostrará esto.

Uno, reencarna como roca, dos, espera hasta que algunos cuarzos se formen y tres envía la respuesta en una tarjeta postal por favor.

Regresando directamente a las pequeñas partículas, a todos se nos enseñó que los átomos están hechos de protones y neutrones en el centro y electrones zum- bando en órbita alrededor de éstos. No sólo eso, sino que los protones y los neutrones realmente se veían como pequeñas bolas de billar y mientras que los protones y los neutrones eran increíblemente pequeños, los electrones, en comparación eran en realidad sorprendente e increíblemente pequeños. También aprendimos que los electrones mantenían una unidad de carga eléctrica negativa y los protones una carga positiva. Los neutrones son eléctricamente neutrales. Los protones y los electrones se atraen entre sí, como los polos opuestos de un imán, y los neutrones están ahí para evitar que los protones se repelen entre si.

Además, se nos enseñó que con las partículas que hacen que los átomos sean tan pequeños y las órbitas de los electrones sean en comparación tan bastas, casi todo lo de un átomo es espacio vacante. Para ilustrar esto se nos dijo "si una gota de agua fuera del tamaño de la tierra, un átomo de oxígeno tendría 7 pies de diámetro pero los protones y los neutrones que forman el núcleo tendrían sólo 1/2500 pulgadas de diámetro".

Por supuesto, casi todos recordamos esto, como "¿si algo fuera del tamaño de una pelota de fútbol en Dublín, entonces otra cosa sería una grosella silvestre en Johannesburg, o una ciruela en Montevideo?".

Además, los que prestábamos atención, aprendimos que en general se acepta que se requieren 1,836 electrones para igualar la masa de un protón, ¡y la fuerza que sostiene a los protones y a los neutrones juntos es una increíble 10^{45} más fuerte que la gravedad!

Esto está muy bien, pero espero que te estés preguntando como funciona tu cepillo de dientes eléctrico y tu reloj de cuarzo. En verdad, la respuesta más simple con la mano en el corazón es, quién sabe, ni siquiera un poquito. Sin embargo, puedes dedicar muchos años para obtener una licenciatura en ingeniería eléctrica y después decir que no tienes ni una pista sobre el funcionamiento del cepillo de dientes, de modo que esta es la mejor respuesta.

En una central eléctrica, un gran imán zumba y transmite a través de un cable, estimulando a los electrones en el material del cable, que chocan entre sí por todo el cable desde la central eléctrica hasta tu cepillo de dientes eléctrico. Cuando este proceso "de choque" llega al motor, el motor "crea" la central electrica a la inversa. Los electrones estimulados provocan el magnetismo, lo cual causa el movimiento, lo cual provoca la limpieza de los dientes —enjuágate bien— el flúor es un hermoso cristal pero un tóxico espantoso.

Imagínate una fila de corchos flotando en un estante, si lanzas una piedra al agua al final de la fila de corchos, cada uno subirá a su vez cuando las ondas se extiendan por el estanque y así sucede con la electricidad, el electrón es la unidad básica de la electricidad (no es la pieza de 50 penies, como la que introduces en el contador que funciona con monedas). Desafortunadamente, hay un poco de paradoja con respecto a las partículas subatómicas. Se llama Onda Dual de la Partícula y es una de las causas principales del Principio de Incertidumbre de Heinsenberg, pero aquí ya no me voy a meter con eso.

De cualquier modo, muchas partículas subatómicas no pueden decidir si se comportan como onda o como partícula, así que hacen ambas cosas, generalmente siendo una onda cuando se están moviendo y una partícula cuando llegan. Esto es una simplificación excesivamente burda, así que no intentes crear un reactor nuclear hasta que hayas leído sobre el tema.

Así que, que hemos llegado hasta la onda eléctrica del tipo que baja al cable y así es como funciona tu cepillo de dientes.

Con respecto a los relojes de cuarzo, funcionan exactamente igual a los cepillos de dientes, directamente hasta la punta cuando el cuarzo queda involucrado. Si tomas una pequeña pieza de cuarzo y le aplicas un poco de electricidad, oscilará. Si tomas muchas piezas pequeñas de cuarzo, todas harán exactamente lo mismo y si les aplicas exactamente la misma cantidad de electricidad a cada una de ellas, todas oscilarán exactamente a la misma velocidad. Así que el fabricante del reloj tiene que hacer esto para asegurarse que cada pieza de cuarzo en cada reloj sea exactamente del mismo tamaño que la otra pieza de cuarzo en el otro reloj, y zas, todos los relojes serán igualmente exactos. Lo único que tiene que hacer el reloj es contar las oscilaciones y como el reloj sabe cuantas oscilaciones equivalen a un segundo, sabrá que tanto tiempo ha pasado. Realmente simple, ¿hasta que preguntas por qué quiere oscilar una pequeña pieza de cuarzo?

Esa es una pregunta muy buena y es el motivo por el que un libro sobre cuarzos debe tener un capítulo sobre partículas subatómicas.

Si tomas dos piezas de cuarzo y las haces chocar con fuerza, obtienes chispas, bastantes chispas, aunque no van a ser muy brillantes, así que necesitarás un poco de obscuridad para verlas. Esto se llama piezoelectricidad.

Varias sustancias dan electricidad cuando se presionan y el cuarzo es una de ellas. Una aplicación práctica que usa este fenómeno son los encendedores electrónicos de las estufas de gas.

¿Pero qué es piezoelectricidad? Es muy sencillo, es la presión de los electrones. Cuando comprimes el cuarzo no hay suficiente espacio para todos los electrones, de modo que algunos se separan de sus átomos. Los electrones sólo están sostenidos en los átomos por la "Débil Fuerza Nuclear" de modo que es muy fácil tirarlos, ¿o podría ser un piezo fácil?. Los protones y los neutrones se mantienen unidos por la "Fuerza Nuclear Fuerte", recuerda que es 10^{45} más grande que la gravedad y son muy difíciles de desalojar. Lo cual es algo sorprendentemente bueno para la vida como la conocemos. Es bastante refinado y elegante golpear dos piezas de cuarzo y obtener una chispa al liberar algunos electrones, ¡Pero es otro rollo si golpeas dos rocas y produces una pequeña chispa y una gran explosión nuclear, no es muy diferente de un misil Polaris que salga de tu mano!!! Si eso es energía atómica, persuadir para que los protones y los neutrones se separen (dividir del átomo), liberando con eso el 10^{45} x gravedad que los mantiene juntos.

La forma en que los átomos quedan adheridos está regida por una serie de reglas ligeramente complicadas que son muy aburridas para incluirlas en un trabajo extravagante como este. Es suficiente decir que bajo diversas condiciones los electrones viajan en otras órbitas que no son las suyas. La cantidad de energía requerida para esto es un cuanto, bueno más o menos de alguna manera. Un cuanto, es un múltiplo de la energía de un fotón y cuando un electrón se mueve de este modo se dice que ha dado un salto cuántico! Como el electrón es la unidad básica de la electricidad, así el fotón es la unidad básica de la luz.

Por favor presta mucha atención a esta parte porque voy a escribir muy rápido y repentinamente voy a hacer ruidos para mantenerte despierto.

Un Francés llamado Bravais descubrió que únicamente hay 14 maneras fundamentales para los puntos de arreglo tridimensionales en el espacio (aunque hay más de doscientas variaciones). Esto se llama Retículo de Bravais con una espiral de 51° a través de éste. Por la forma en que los átomos de silicio y de oxígeno les gusta adherirse juntos, formando una esquina compartida SIO_4 tetraédrica, cada nueva unidad que se une puede apegarse únicamente a sí misma de tal modo que extienda el retículo, por ello el cristal terminado es una estructura altamente ordenada. Los núcleos de los átomos son sorprendentemente fuertes y estables y el juego de lanzamiento se mantiene junto por más electrones de los que puedas sacar al sacudir en un palo grande.

Presiona el cristal y como los átomos individuales se ven obligados a acercarse entre ellos ya que no hay suficiente espacio para todos los electrones, así que con muchos saltos cuánticos, muchos de éstos se salen, como una descarga de electricidad y de fotones, todo esto está bien hasta que observamos que nuestro cristal ya no tiene todo su complemento de electrones y como resultado ya no está eléctricamente equilibrado. De hecho, ahora tiene una carga positiva. Mas rápido de lo que dirías "dejé mis calcetines y mis botas en la parte de arriba de las escaleras..." lo positivo atrae lo negativo y todo el montón de electrones son "absorbidos" dentro del cristal desde la atmósfera circundante. Ahora hay un poco de pérdida de electrones en la atmósfera. Esta es una manera de explicar el antiguo dicho Zen "si una mariposa mueve sus alas en la Selva Brasileña, esto tendrá un ligero efecto detrás del cobertizo de las bicicletas en una escuela cerca de Glasgow".

Si le colocamos una batería al cuarzo de nuestro reloj se invierte este proceso. Los electrones de la batería se introducen en el cuarzo, que ahora tiene demasiados y se ve obligado a hincharse para acomodarlos. Ahora tenemos una carga negativa indeseable, la cual emana hacia la atmósfera, y el cuarzo regresa a su tamaño y al número de electrones original.

Sólo puede introducirse cierta cantidad adicional de electrones, después no puede haber más hasta que haya recuperado su equilibrio eléctrico, es por ello que el cuarzo oscila a una frecuencia establecida y es como funcionan nuestros relojes.

Aquellos que piensan que las selvas están en ese estado por lo que estuvimos haciendo detrás del cobertizo de bicicletas en los 60s lo entendieron al revés, así que regresa a leerlo otra vez.

Así que eso es lo que hace el cuarzo, se hincha si le introduces electrones adicionales y lanza electrones si lo oprimes. Recordemos que son los electrones. Su primer característica notable es su tamaño y su masa, o casi la carencia absoluta de tamaño y de masa de alguna manera. ¿Levante la mano el que se equivocó en la escuela pensando que podía haber un electrón si echaba un vistazo rápido con un microscopio electrónico? ¡Si, yo también! La única manera en que puedes ver uno es, ninguna ni siquiera un poquitito. Estas cosas son tan pequeñas que casi ni son, de hecho hasta años recientes se pensaba que eran las cosas más pequeñas que podían existir (mantén ese pensamiento).

La siguiente característica que vale la pena notar es, que parece que todo es sólido y la palabra clave aquí es, parece que está sostenida por electrones. El motivo por el que no pueda sostener un yunque y quitarle un pedazo es porque el yunque está hecho de átomos que tienen muchos electrones así es que todos están ahí!

La tercera característica importante de los electrones, es que son la unidad básica de la electricidad, solo un trozo individual de electricidad. Esto probablemente justifica también las otras dos características. Es difícil tener presente en la mente, el concepto de una pieza singular de electricidad, particularmente porque no sabemos lo que es la electricidad o como funciona.

Sin embargo, sabemos mucho sobre lo que hace, una vez que hemos provocado que lo haga. (Cuando digo "sabemos mucho", quiero decir la raza humana colectivamente, no tú y yo personalmente. Tú y yo personalmente, en común con todos los demás estamos unidos por electrones, probablemente somos seres eléctricos, nuestros pensamientos son eléctricos, o por lo menos nuestros pensamientos producen electricidad en nuestros cerebros, sean pensamientos filosóficos o los que son un poco automáticos que te permiten, digamos, comer un plátano o tomar un vaso de agua. También está muy involucrada la electricidad para persuadir que funcionen nuestros músculos.

En mi opinión —la ciencia ha demostrado las propiedades eléctricas tanto del cuarzo como de nuestros cerebros, yo te lo digo, con el conocimiento que tenemos de los electrones, no es demasiado insinuar que nuestros procesos de pensamiento pueden tener un efecto eléctrico en el cristal de cuarzo.

No digo que sea del tipo de abracadabra mental sobre la materia, quiero decir un efecto real, medible (teniendo las herramientas para medirlo). Lo que quiero decir es que las partículas subatómicas son generadas por nuestros pensamientos, hagan lo que hagan, a otras partículas subatómicas en el cristal de cuarzo.

Considera esto; si dejas en el exterior una cubeta roja de plástico, durante todo el verano, empezará a blanquearse. ¿Porqué es esto? La luz del sol la destiñe, por supuesto. Esta no es una respuesta muy buena. Es el poder actínico de la luz el que destiñe las cubetas de plástico. A menos que ya sepas como funciona, esta explicación tampoco explica nada, ¿que está pasando?

La luz estalla del sol a una velocidad tremenda y no ha dado una pausa ni para respirar ni para refrescarse, pasa como de rayo atravesando el sistema solar. Ahora, la luz es una onda, sabes esto porque se te ha mencionado que las diferentes longitudes de onda son de distintos colores. Llegando a nuestra desventurada cubeta de plástico, la luz se recuerda como la dualidad onda/partícula y rápido como un rayo (¡bastante literalmente en este caso!) ¡Se convierte en un fotón! No quiero que andes diciendole a la gente que yo dije que la luz tenía bultos en ella. No, los fotones no tienen una masa, sabemos esto porque existe un experimento sencillo para verificar esta teoría. Primero, sal y párate directamente en el rayo del sol. Segundo considera esto, si habiendo viajado desde el sol a la velocidad de la luz, algo te golpeara, te tiraría sin importar que tan pequeño fuera. Por esto podemos deducir que los fotones no tienen una masa. Son una especie realmente de algo y de nada. Lo único que tiene el fotón es un poquitín de energía, lo cual le quita el pigmento a la cubeta de plástico y la destruye. En cambio requiere un montón de fotones para desteñir algo, porque por si mismos tienen muy poca energía. Recuerda, necesitas un múltiplo de un fotón para igualar un cuanto, lo cual es la cantidad de energía que necesitamos para tener un movimiento del electrón (salto cuántico).

Toma tus dos piezas favoritas de cuarzo, o si esto te molesta, toma las dos piezas favoritas de cuarzo de otra persona y en la obscuridad golpéalas. Obtienes chispas, pero también notas que aparentemente también se ilumina todo el cristal. Las chispas que se producen son piezoelectricidad y sabemos que la piezoelectricidad es el resultado de los electrones siendo oprimidos en el cristal. ¿Pero porqué no podemos verlo? Porque es luz visible, que viaja como una onda. Aquí está esa cosa llamada "La Propagación Rectilínea de la Luz", lo cual señala con bastante desconcierto, que las ondas de luz viajan en todas direcciones a la vez. Puedes demostrar esto en casa —enciende una luz y corre por todo el cuarto , ¡descubrirás que esa diminuta pieza de filamento dentro del focq se las ingenió para propagar luz en todo el cuarto!

La cosa es, que no hay manera de que ni siquiera la longitud de onda más corta de luz pudiera haber salido de un electrón, los átomos completos son muchísimas veces más pequeños que el tamaño de una longitud de onda de luz, así que, ¿que hay respecto a una cosa dentro de un electrón generando fotones?

Qué, ¿una partícula más pequeña que la partícula más pequeña? Si, y hay un montón de ellas, hay quarks y pions y hay neutrinos y mesones, por nombrar sólo unos cuantos. Ahora llegamos al borde de la verdad y al difícil hecho que se sobrepone al borde de las conjeturas y las bobadas.

Parece que los átomos no están hechos de un espacio vacío, con unas cuantas bolas de billar diminutas en el centro, orbitadas por unas cuantas bolas de billar aún más diminutas. No, ahora pensamos que los componentes de un átomo por si mismos están hechos de un espacio casi vacío con unas cuantas bolas de billar diminutas zumbando en ellos, lo cual a su vez está hecho en gran parte de un espacio vacante con ...etc.!

No es importante pero se ha insinuado que hay tres componentes en un protón, dispuestos en triángulo. Me llegó un sentimiento hasta mis huesos de que puede haber cuatro de ellos, dispuestos en esquinas como una pirámide de tres lados (tetraedro). ¡Recuerden amigos esto lo escucharon aquí por primera vez!

Regresamos al argumento. Estas partículas subatómicas son tan pequeñas que debería usar algunos transmisores absolutos de superlativos para llegar al punto. Algunas de estas podrían ser superlativos verdaderamente desmedidos, pero como honestamente no podemos llevar nuestra mente hasta ese nivel, no me preocupo —es suficiente con decir, que estas partículas son pequeñas.

Tan pequeñas, que los científicos tienen que observar donde estuvieron en vez de hacerlo donde están, con el fin de estudiarlas. Sin embargo, una cosa es llegar a la luz, esto es, las pequeñas partículas tienen una tendencia para comportarse exactamente distinta de la manera en que pensaste que lo harían, directamente hasta el punto en que los experimentos tienen que ser conducidos, de tal modo que la mente del investigador no interfiera con el experimento. De ahí la famosa expresión "no existe tanto un observador, como un participante".

Cualquiera que pueda explicar esto, y demostrar que no es físico puede ganarse un premio pequeño.

Va a pasar algún tiempo antes de que empiecen a enseñarle esto a tus hijos en la escuela, pero el futuro ya está escrito —"Lo que piensas y, o la manera en que lo piensas, afecta las partículas pequeñas".

Creo que ahora existen suficientes evidencias de la ciencia para indicar que algunas de los llamadas galimatías incomprensibles sobre los cristales de cuarzo, son en efecto más o menos cierta, o por lo menos, merece investigarse más.

Eso es todo lo que tengo que decir sobre el tema, pero como tengo tu atención íntegra y como no tienes mucho más que hacer, hay uno o dos puntos que me gustaría mencionar.

Si te digo que las niñitas están hechas con azúcar y especias, etc., sabes perfectamente bien lo que quiero decir. Mientras que si te doy una impresión de la computadora sobre el análisis químico de una niñita, comparada con un niñito, ¡en ninguna parte te diré que la niñita jugará tranquila y educadamente sola, mientras que el niñito se comportará como un chamaco altamente destructor!

El punto es, casi todo el tiempo podemos tratar con las cosas como un conjunto y no necesitamos interesarnos en los electrones y cosas de esas. Si, por ejemplo, nuestra niñita se fuera a caer del techo del tractor y se fracturara su brazo, lo que debemos hacer es poner en su sitio el hueso e inmovilizarlo. Por supuesto, con el fin de hacer esto debemos primero reconocer que las niñitas tienen brazos entre sus componentes y además aceptar que los brazos están hechos de hueso entre otras cosas.

La cosa del azúcar y las especias es una analogía y todas las analogías al final se vienen abajo. Si estudiamos las niñitas sólo un poco más profundamente, encontramos que algunas tienen 5 años entrando a 32, y son tan manipuladoras como el demonio, aunque aún así son una monería. Lo que tenemos que hacer aquí es modificar nuestra teoría: —¡Las niñitas están hechas de azúcar y especias y un tipo de consciencia psicológica sofisticada que es aterradora!

La ciencia ha estado haciendo esto todo el tiempo, originalmente los átomos eran unas cosas redondas muy pequeñas —sin electrones. ¡Después repentinamente en 1897 tuvimos electrones! El mundo había estado, por supuesto, bastante bien sin ellos, se construyeron todos los grandes castillos y las catedrales, se hicieron los canales y casi todo el mundo tenía vías de ferrocarril.

En la época de 1890, los electrones sólo se bamboleaban alrededor del exterior de los átomos, los cuales eran esferas sólidas. Ahora tenemos electrones orbitando pequeños grupos de protones y de neutrones, lo cual llamamos átomo. ¡Debe ser cierto porque fue lo que se me dijo en la escuela!

¿Pero qué es cierto? Hace cien años, lo cierto era no tener electrones, ahora tenemos la super teoría de la cuerda y otras teorías que sobrepasan eso también, todo lo cual parece hacer a los electrones y otras partículas superfluas, hasta como una analogía. Así que por necesidad, las analogías tienen que seguir cambiando. En la época de Newton, el trabajo de un reloj se usaba como una analogía del movimiento de los planetas en el sistema solar y donde era posible, toda la creación y la ciencia se asemejaba al trabajo de un reloj que era la maquinaria más compleja en ese tiempo. Actualmente, por supuesto, las computadoras se usan muchas veces como modelo.

"El problema es, que toda se cae cuando lo que básicamente es una analogía llega a la corriente principal de la educación y se enseña a los que son como tu y como yo, como un hecho. Rápidamente corremos a decirle a los demás "Definitivamente así es", a pesar del hecho de que tu y yo no podemos demostrar personalmente la existencia de los átomos, dejamos en paz los quarks y los mesones y por ello, nació el dogma. "Si esto es cierto, entonces aquello no es cierto" —se convierte en la única excusa que necesitamos para condenar a cualquiera que use una analogía diferente, o que tiene quizás, una perspectiva de la realidad más amplia y profunda.

Imagínate hace miles de años. Ugg acababa de inventar la rueda pero estaba teniendo dificultades para lanzarla al mercado y tu acabas de golpear dos piezas muy grandes de cuarzo. Está obscuro en la cueva y te sientes bastante emocionado por ver una gran chispa y estás literalmente sacudido cuando la descarga piezoelectrica resultante se desplaza por tu brazo.

Pregunta: ¿Tú, a) sales corriendo de la cueva mencionando la existencia de los electrones, o, b) sales corriendo de la cueva gritando "Creo que acabo de encontrar dos pedazos de aliento de dragón cristalizado?"

¡Funciona de las dos maneras!

Capítulo 4

BASES
DEL CRISTAL

Observemos ahora algunos hechos básicos sobre el cuarzo. Esto no es tan sencillo como pudiera ser porque existen una o dos áreas confusas con respecto a la clasificación del cuarzo.

Los minerales están clasificados por su composición química y los cristales por su geometría. Los cristales siempre son un mineral pero no todos los minerales forman cristales. En algunos libros, el cuarzo se pone en la clasificación química bajo el Grupo V, los Oxidos, lo cual está formado por la combinación de un elemento particular con oxígeno. Si el elemento es el metal de silicio (Si) el mineral formado se convierte en cuarzo (SiO_2). Eso parece ser bastante sencillo, sin embargo, algunos libros clasifican el cuarzo en el Grupo VI dentro de la categoría de los Silicatos. Hay cinco tipo básicos de estructuras de silicatos y si el cuarzo se ha colocado en el grupo de los

Silicatos está bajo el No. 5, el cual tiene tres formas principales naturales, las formas de cuarzo alfa y beta, tridymita y cristobalita. Algunas veces se hace referencia del cuarzo alfa como cuarzo "bajo" y cuarzo beta como cuarzo "alto". El cuarzo beta tiene una estructura más densa, conteniendo un tetraedro con esquinas enlazadas que forman espirales y es el cuarzo al que nos referimos.

Con la clasificación de cristales por la geometría también tenemos algunas confusiones. Existen seis o siete sistemas de cristales, dependiendo del libro tomes la referencia.

Los seis sistemas son: cúbico, monoclínico, orthorómbico, tetragonal, triclínico y hexagonal (ver Figura 1). El séptimo, cuando se utiliza, se llama trigonal o rombohedral y algunas veces se muestra como un subsistema del sistema hexagonal, la diferencia es que el hexagonal tiene un eje séxtuplo mientras que el trigonal tiene un eje triple. Si se usan siete sistemas, entonces el cuarzo cae en el sistema trigonal, aunque estos cristales evidentemente tienen una forma hexagonal, parece que corresponde más colocarlos en el sistema hexagonal. Los seis sistemas además se subdividen en 32 clases de cristal.

Cada clase de cristal incluyendo el cuarzo, está creado con un patrón geométrico particular que se repite una y otra vez. Con el cuarzo el diseño del componente esencial básico en el nivel atómico es un

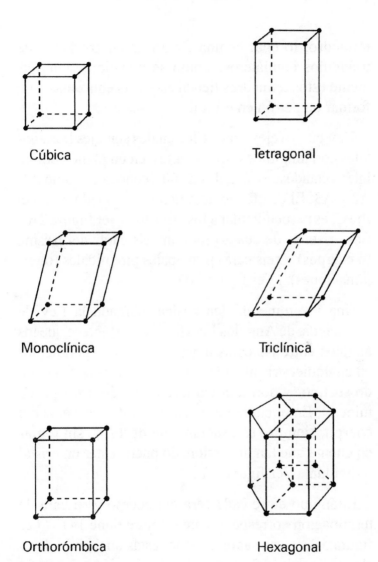

Figura 1
Los Seis Sistemas de Ejes

tetraedro, lo cual es una figura de cuatro lados de triángulos equiláteros. Como se mencionó anteriormente estos tetraedros tienen esquinas enlazadas para formar un patrón en espiral.

Hay cuatro ejes, tres de los cuales son ejes horizontales con longitudes equivalentes, en un plano común, intersectándose en ángulos de 60°, conocidos como A1, A2 y A3. El cuarto eje, también mencionado como el Eje C, es perpendicular a los otros tres (ver Figura 2A). Los cristales de cuarzo forman seis caras del prisma (o cuerpos) y seis caras principales piramidales (o terminaciones). (Ver figura 2B).

Una ley mineralógica básica, llamada la Ley de Constancia de Angulos Interfaciales, establece que los ángulos entre las caras adyacentes, correspondientes en cualquier cristal dado son iguales para cada cristal de su tipo, y son una característica de ese tipo de mineral. En el cuarzo este ángulo, entre las caras del cuerpo, siempre es exactamente de 120°, sin tomar en cuenta que tan distorsionado pueda estar un cristal individual (Ver figura 3A).

El ángulo entre cada cara del cuerpo y su cara de terminación correspondiente siempre tiene 141° (Ver figura 3B). Curiosamente, si le restas un ángulo derecho al ángulo del cuerpo de terminación, el ángulo restante es de 51°, el cual es casi igual al de La Gran Pirámide de Keops, del ángulo de la cara de la base.

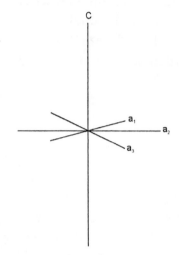

Figura 2a

El Eje C

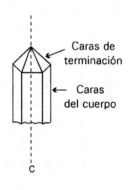

Figura 2b

Las Caras

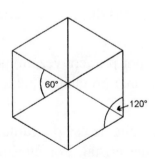

Figura 3a

Vista desde los ángulos
superiores

Figura 3b

Vista desde el ángulo
lateral

Otra característica importante de un mineral es el factor de dureza. Para la dureza individual de los minerales, se clasifica por la escala de dureza "Mohs". Esto tiene diez grados y su orden desde el más suave hasta el más duro es como sigue:

1. Talco
2. Sal de roca (halite)
3. Calcita
4. Fluorita
5. Apatita
6. Orthoclase (Feldespato)
7. Cuarzo
8. Topacio
9. Corindón
10. Diamante

Esta escala sólo es como comparación, las figuras no indican que tantas veces es más duro un mineral del otro.

Cuando la gente se interesa por primera vez en los Cristales de Cuarzo existen algunas preguntas que les gustaría que tuvieran una respuesta.

Con el cuarzo transparente, una de esa preguntas se relaciona con la claridad del cristal. Por nuestra investigación, parecería que se requiere cierta claridad, particularmente hacia la terminación. La claridad absoluta no es esencial y la base puede ser turbia y lechosa. Descubrirás que muchos cristales contienen lo que se llama "inclusiones" que parecen salpicaduras plateadas, mechones y velos. De hecho muchas de las inclusiones son muy hermosas y tienen el efecto de hacer especial y único un cristal. Las salpicaduras plateadas, muchas veces son de aluminio, el cual es el tercer elemento más común en la corteza de la tierra (el primero es el oxígeno y el segundo, el silicio). Esto no le resta importancia y puede, de hecho, ser bastante benéfico para el cristal. Algunos pelos y mechones son creados por gases y agua atrapados durante su formación y pueden verse como galaxias en miniatura en las profundidades del cristal. Para propósitos de percepción (usualmente se hacen con una esfera de cristal), las diversas inclusiones actúan muchas veces como una ayuda para concentrar la mente.

En algunos cristales encuentras una imagen que te da la impresión de un cristal más pequeño, como un fantasma dentro del cristal. Estos se conocen como Cristales Fantasmas, donde un cristal ha dejado de crecer en alguna etapa de su desarrollo y después ha seguido creciendo, dejando una imagen visible dentro del cristal. Algunas veces hay una capa de otra substancia revistiendo la terminación donde ha dejado de crecer por un tiempo.

Con las puntas de cristal transparente que se van a usar como herramientas para el desarrollo personal y la sanación, etc., se recomienda que busques cristales que tengan un Eje C derecho y verdadero. Este Eje C derecho indica de algún modo que el cristal tiene una energía estable. Esto no es tan importante en los cristales que se usen como objeto de poder.

En cuanto al tamaño del cristal, es bastante obvio que un cristal grande tiene más "poder" que uno pequeño, sin embargo, un cristal pequeño con un Eje C derecho y una energía estable será más poderoso que un cristal más grande que tiene un eje vacilante y una energía inestable.

Otra pregunta que parece levantar controversias dentro del campo de los Cristales es, si el cristal debe permanecer con todos sus ángulos intactos o si debe ser tallado como esfera, huevo, vara, etc. Nos inclinamos hacia la visión de que algunos cristales, en particular si tienen un buen eje, una energía estable, claridad y puntas perfectamente terminadas sin ningún daño, lo ideal sería dejarlo con sus ángulos intactos. No daña al cristal modelar el otro extremo, ya sea para redondearlo o para nivelarlo para que pueda pararse. Hay otros cristales, posiblemente ligeramente dañados, que se sienten muy felices de ser tallados y utilizados de diversas maneras aplicables a su forma. ¿Como sabes? Con dificultad. Actualmente la única manera es dejarte guiar por tu intuición. Hay muchos artesanos que tienen una intención, integridad y amor impecables por sus cristales, que pueden sentir los usos a los que el cristal aspira. Entonces, hay algunos que realmente no les importa. Déjate guiar por tus propias sensaciones cuando elijas un cristal diseñado, o quizás usa un péndulo o pídele una guía a la conciencia superior.

Con respecto a los diferentes tipos de cuarzo, actualmente hay bastantes. De hecho, el cuarzo tiene el número más grande de variedades que cualquier otro mineral, variedades como Agata, Jaspe, Aventurina, Crisoprasa, Cornalina, Calcedonia, etc. Sin embargo, estamos discutiendo predominantemente sobre el cristal de roca, esto es el Cuarzo Transparente, más Cuarzo Ahumado, Amatista y Cuarzo Rosa.

El Citrino también es una variedad del cuarzo. Es muy semejante a la Amatista, la que ha estado sujeta a un calor extremo volviéndose amarillo dorada o con matices café dorados, convirtiéndose por ello en Citrino. Por esto un poco del Citrino que encuentras en el mercado es en realidad Amatista que ha sido calentada artificialmente para volverla dorada.

Según la escritora Melody en su libro "Love is in the Earth", el Citrino es uno de los dos minerales que no guarda ni acumula energía negativa, sino que la disipa y la transmuta, no requiriendo nunca por ello una limpieza. (El otro mineral es Kyanita). Se dice que el Citrino ayuda a mantener el estado de salud y es útil para equilibrar las energías yin y yang e incrementa la creatividad y el poder personal. No hemos trabajado con Citrino o con otro mineral que se llama Ametrino.

El Ametrino es una mezcla de Citrino y Amatista y se da tanto en forma cristalina como masiva. Se ha insinuado que es un mineral útil para proporcionar el equilibrio de las energías masculina/femenina.

También hay dos tipos de cuarzo transparente que tienen minerales adicionales incrustados en ellos. Uno es el Cuarzo Turmalina, que tiene varas de turmalina (usualmente negra) atravesando su estructura. Se dice que este tipo de cuarzo ayuda a alinear las energías sutiles del cuerpo e incrementa la comprensión espiritual. El otro tipo es el Cuarzo Rutilado, el cual tiene muchas agujas finas de oro o plata de Rutilo dispersas por todo el cristal. Esto se llama algunas veces Piedra de Agujas o Cabello de Angel. Se dice que el Cuarzo Rutilado ayuda a asimilar la fuerza vital en el cuerpo, ayuda a estimular el sistema inmunológico, aliviar la depresión y puede ayudar a estimular las propiedades eléctricas del cuerpo. También puede ayudar a incrementar las habilidades de clarividencia.

Los Diamantes Herkimer también son miembros de la familia del Cuarzo y sólo son extraídos en el Condado Herkimer, en el Estado de Nueva York, EUA. Esta forma de cristal de cuarzo brilla y resplandece como un diamante con facetas y es, en efecto, ligeramente más duro que el cuarzo ordinario, mide 7.5 en la escala de "Mohs". Crece en una solución líquida en una roca anfitriona de dolomita, en lugar de hacerlo en el tipo de roca de silicato. Por esto crece con doble terminación. Usualmente estos cristales son bastante pequeños, pero de alguna manera tienen una energía efervescente que se dice, ayuda a ser más espontáneo. Se le ha llamado "Piedra de Sintonización" y se puede usar para sintonizarse con otra persona o con el entorno.

El Cuarzo Ahumado tiene un grado de claridad y también es un cristal útil con múltiples propósitos ya que tiene una energía de cimentación adicional. El cuarzo ahumado probablemente es un cuarzo transparente que ha estado sujeto a una radiación natural. No siempre es posible saber si el cuarzo ahumado que está a la venta ha sido irradiado natural o artificialmente. El color varía desde un ligero matiz color humo hasta casi negro. El cristal muy negro, algunas veces se llama Morion y se ha encontrado en Escocia.

El cuarzo ahumado es una excelente piedra para poner los pies en la tierra y se dice que es muy útil para disolver suavemente las energías negativas y los bloqueos emocionales, que tiene una energía protectora y fortificante, que ayuda a la conexión con la tierra. También se le ha llamado la "piedra de cooperación" por su habilidad para disipar la dificultad para comunicarse, provocada por los bloqueos que limitan el aprendizaje y la percepción. Se dice que el cuarzo ahumado contiene la mayor cantidad de "fuerza de luz" en una piedra oscura.

La amatista, con su hermoso color violeta, es muy buena para conectarte con tu consciencia superior y para propósitos de meditación. Se ha sabido que el color violeta es benéfico para la meditación desde hace muchos siglos y también calma la mente, especialmente después del exceso de trabajo y ayuda a mitigar la tensión. También es buena ayudando a despejar el pensamiento claramente obsesivo o hiperactivo. Algunas veces se le conoce como la "piedra de la espiritualidad y el contento" se dice que representa el principio de la metamorfosis y que equilibra las energías de los cuerpos intelectual, emocional y físico. También puede asistir en la asimilación de nuevas ideas.

El color violeta, o púrpura, es una mezcla de rojo y azul y por lo tanto se considera que es "psicológicamente oscilante". En otras palabras, algunas personas no saben como responder a este color y pueden rechazarlo. Es el color de la dignidad y de la realeza y lo han utilizado las religiones organizadas.

El color se clasifica desde el lavanda pálido hasta el violeta fuerte y se piensa que la Amatista contiene rastros de Hierro Férrico el cual le da el tono violeta. La aparición más común de la Amatista es un tono violeta medio que se encuentra en Brasil.

El cuarzo rosa es cristalino y tiene una estructura atómica regular pero usualmente no forma puntas terminadas. Sin embargo, recientemente, se ha observado que en el cuarzo rosa crecen puntas diminutas, pero estas aún son bastantes raras y muy costosas. El cuarzo rosa es útil para manejar y liberar las emociones negativas como la ira, la culpa, etc. Las esferas y los huevos son particularmente útiles al respecto. A condición de que cuando el cuarzo rosa se maneje las emociones negativas no habiten ahí continuamente. Es mejor imaginar que la energía de tensión se está yendo y está abandonando el cuerpo.

Al cuarzo rosa se le ha llamado la "piedra del amor suave" y se dice que trae la paz y la calma a las relaciones. Incrementa la habilidad para apreciar la belleza en la música, el arte y la palabra escrita y aviva la imaginación. Tiene una energía equilibradora y es excelente para sanar las "heridas" emocionales. El color rosa se asocia con el corazón y con el amor universal y la amistad. Se dice que mitiga el miedo y es un color y un cristal muy querido por los niños ya que irradia una energía de amor "maternal" que los cubre.

El color rosa, desde el rosa opaco profundo hasta un rosa pálido translúcido, se piensa que fue provocado por el manganeso o el titanio, pero es probable que el cuarzo rosa también haya estado sometido a una irradiación natural.

Algunas veces se hace referencia del cristal transparente como el Cristal Maestro. Se considera que es el cristal para todo tipo de propósitos, de uso general, que tiene una afinidad básica con el espectro de luz visible. Mientras que, por ejemplo, la Esmeralda o el Zafiro tienen unos propósitos muy específicos dentro del Reino del Cristal, el cuarzo transparente tiene propósitos múltiples y se dice que trae la energía de las estrellas hacia el alma.

Tradicionalmente se ha dicho que el cuarzo natural armoniza y alinea las energías humanas de los pensamientos, emociones y la conciencia con las energías del universo y para hacer que estas energías estén disponibles para la raza humana. La armonía en todos los niveles es la tendencia natural del cuarzo y se le ha llamado "la piedra del poder".

El cuarzo transparente se encuentra en muchas partes del mundo, con diversos grados de calidad. El mas común es el de Arkansas en EUA, Brasil y la Isla de Madagascar. Casi todo el cristal que encuentras disponible no es extraído de la tierra con explosivos sino que es sacado a mano. El explosivo le provoca demasiado daño al cuarzo, así que es contraproducente aunque algún cuarzo de uso industrial aún se extrae de este modo.

Se piensa que el cristal de cuarzo de Arkansas, es un cristal más joven y que tiene una energía más rápida y en bruto es maravillosamente claro. Sin embargo, posiblemente por su energía tan rápida no siempre tiene un verdadero Eje C o una energía estable. Sin embargo, si estás preparado para buscar podrías encontrar algunos cristales maravillosos con un verdadero Eje C.

El cristal de cuarzo Brasileño es más antiguo y tiene una energía más lenta, más estable y la mayoria tiene un verdadero Eje C. Algunas veces necesita limpiarse después de haber sido extraído, pero el cuarzo Brasileño de primera calidad es un cristal hermosamente claro. Otra vez, posiblemente debido a su localización y la energía en esa área, la energía de este cristal es de algún modo más sólida y terrestre que el cristal de Arkansas.

Los cristales de cuarzo de Madagascar son los más raros y no siempre se encuentran rápidamente. Tienen el mismo origen que los cristales Brasileños pero han crecido en un entorno más refinado y por lo tanto tienen una calidad única. Usualmente tienen un Eje C derecho y una energía estable aunque tienen una energía rápida como el cristal de Arkansas. Aunque es claro, no siempre tienen la claridad brillante del cristal de Arkansas o Brasileño.

Variación de Formas de Cuarzos Naturales

Si un cristal de cuarzo crece en un entorno suave, tendrá una tendencia hacia la forma de seis lados perfectamente simétrica (ver Figura 4). Lo que realmente sucede, es que los cristales se adaptan a su entorno y crecen de acuerdo a los espacios que pueden encontrar. Esto nos da la maravillosa diversidad de las

Figura 4   Figura 5

variaciones de formas naturales, mientras que no tienen un efecto perjudicial en las capacidades de un cristal en particular cuyas estructuras y ángulos internos aún son perfectos. De hecho se piensa que es posible que las variaciones de formas diferentes tengan un efecto incrementado sobre las energías del cristal individual.

La mayoría de los cristales tienen una configuración simétrica, sin embargo, encontrarás cristales asimétricos, que parece que casi fueron ''facetados'' por la naturaleza de una manera especializada.

Los cristales de cuarzo que crecen naturalmente son una mezcla de patrones espirales moleculares de mano derecha e izquierda. Algunos son predominantemente de mano izquierda que otros y se reconocen por una conformación auxiliar en rombo en el lado de la mano izquierda de la faceta más grande (ver Figura 5). Este se conoce como cristal de la mano izquierda, el cual tiene una tendencia más fuerte para recibir energía. Los cristales de la mano derecha tienen una faceta con una conformación en rombo en el lado derecho de la faceta más grande, sin embargo, algunos aún tienen algunas espirales que giran hacia la izquierda dentro de su estructura. Los cristales de la mano derecha tienen una tendencia más fuerte hacia la proyección activa de la energía.

Como hemos visto, el ejemplo idealizado de una punta de cristal claro tiene seis facetas triangulares del mismo tamaño, uniéndose en una misma punta en el extremo de la terminación. Esto es raro. Sin embargo, donde las caras de las seis terminaciones se encuentran en el vértice terminado, en efecto dan una punta aguda, entonces a esta configuración usualmente se le llama Cristal Generador. Este tipo de cristal se dice que es muy útil para la magnificación de la energía y frecuentemente se usa como un cristal de sanación o como un cristal generador en las rejillas de trabajo de cristal (ver Capítulo 7).

También puedes encontrar un cristal que tiene tres facetas triangulares alternando con tres facetas largas de siete lados. Esto no es muy común y se llama Cristal Dow en la Trilogía de libros sobre Cristales de Katrina Raphael. Las energías dentro de este cristal se dan de una manera muy equilibrada porque los ángulos son igualmente proporcionados.

Cuando hay unas condiciones de crecimiento óptimas y restricciones reducidas o un entorno más suave, los cristales crecerán de una manera natural con una terminación en cada extremo y se conocen como cristales con Doble Terminación (ver Figura 6). Ocasio-nalmente un cristal con una sola terminación, que se ha desprendido de la roca matriz crecerá del extremo desprendido como una terminación. Los cristales con Doble Terminación son cristales poderosos y útiles ya que tienen un Eje C ininterrumpido y una "polaridad holística" lo cual significa que la energía fluye en ambas direcciones.

Algunas veces encuentras un cristal con Doble Terminación que tiene una punta en un extremo y ter-minaciones múltiples en el otro extremo (ver Figura 7). Estos cristales se considera que tienen propósitos múltiples.

También puedes llegar a cruzarte con un cristal que ha sido desprendido o fracturado de su roca matriz y en vez de dejar un extremo áspero, parece que el cristal ha desarrollado varias terminaciones diminutas, no tan definidas como el cristal multi-terminado sino que da una superficie más brillante como de encaje. Esto se conoce generalmente como un Cristal Auto Sanado y se supone que es útil en propósitos de auto sanación.

Un tipo de cristal que tiene una faceta predominante, usualmente con siete lados con cinco facetas más pequeñas, la faceta opuesta a la más grande muchas veces es un triángulo pequeño (ver Figura 8). Katrina Raphael lo llama Cristal Canalizador. Las principales emisiones de energía fluyen a través de la faceta única, la cual lo hace muy útil para el contacto directo con la

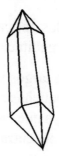

Figura 6

Figura 7

Figura 8

superficie del cuerpo, las aplicaciones en la sanación o en el tercer ojo para meditación.

Los cristales que son largos y delgados con facetas de terminación muy pequeñas algunas veces se conocen como Varas Laser ya que las emisiones de energía se especializan y se concentran estrechamente y se pueden sintonizar finamente (ver Figura 9).

Los cristales que tienen una configuración plana se conocen como Cristales Tabulares o Tabbies para abreviar (ver Figura 10). Se supone que son excelentes para codificar la información y son buenos cristales para usar con el sonido.

Algunos cristales tienen facetas de diamantes, los cuales algunas veces se ladean ligeramente hacia un lado y en una parte están colocados abajo y a un lado de la cara principal (ver Figura 11). Si este diamante es bastante grande y forma en realidad una séptima faceta, aunque la mitad del diamante esté abajo del Eje A, este cristal se conoce como un Cristal Ventana y son bastante raros. Se considera que son maravillosos para la meditación y parece que son altamente especializados.

Donde un cristal tiene un cristal pequeño que penetra parcialmente en su cuerpo, se dice que es un Cristal Puente. Se dice que esto facilita la unión entre los mundos internos y externos y es un cristal útil para todo tipo de enseñanza y comunicación.

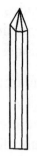

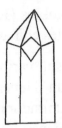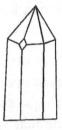

Figura 9

Figura 11

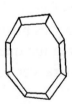

Figura 10

Figura 12

Los cristales gemelos son dos cristales unidos en la base que han desarrollado dos puntas y terminaciones separadas y distintas (ver Fig. 12). Llamados por Katrina Raphael los Gemelos Tántricos, se considera que son cristales convenientes para las relaciones.

Las drusas son varios cristales que se formaron en una base común. Tienen una energía colectiva y sinérgica que es inspiradora en cualquier medio ambiente. También se piensa que las drusas tienen un efecto ionizador que es benéfico.

Los cristales Arco Iris contienen una inclusión, o varias inclusiones que reflejan un arco iris dentro del cristal. Son particularmente hermosos y muy animadores. Muchas veces encuentras maravillosos arco iris en cristales gemelos y en drusas.

Otro fenómeno que puede tener una relación con la energía del cristal, son los patrones sutiles que algunas veces se encuentran en la superficie de las facetas de la punta. Unos son más visibles que otros y es posible que tengas que experimentar atrapando la luz que se refleja en la superficie de la faceta para ver esos patrones.

Algunas veces puedes encontrar una especie de patrón en zig zag o atractivos patrones ondulantes. Estos patrones están ligeramente elevados y se conocen como Patrones de Terminación en Bajo Relieve.

Lo que más comúnmente se busca son diminutos triángulos perfectos. Katrina Raphael se refiere a éstos como Cristales Archivadores, los cuales tienen almacenada dentro de sus rejillas en espiral información antigua. Cualquiera que sea su propósito, le agregan otra dimensión al misterio que rodea a los cristales de cuarzo.

Configuración de Formas de Cristal

Previamente discutimos el concepto de las formas de los cristales y del hecho de que algunos cristales les guste ser tallados y a unos les guste permanecer con sus ángulos intactos.

Las formas de cristales más comunes que se hacen son en Esferas y Huevos. Las Esferas de Cuarzo Transparente se han asociado con el arte de la Clarividencia (observar dentro del cristal para ver el futuro) y la magia. Son objetos sumamente hermosos por si mismos y se manejan estupendamente. Como se mencionó anteriormente las Esferas de Cuarzo Rosa son muy buenas para ayudar a desalojar la energía emocional negativa y todas las Esferas y Huevos son maravillosamente táctiles.

Como la Esfera tiene lo que se describe en geometría, como un número infinito de líneas rectas, el efecto que esta forma tiene en el cristal de cuarzo es bastante interesante y útil. La energía del cristal se mantiene pero no es tan concentrada, criando con ello una energía difusa. Parece que la energía difusa tiene un efecto benéfico en nuestro entorno y mucha gente se siente atraída de una manera natural hacia la Esfera. Pueden programarse (ver último capítulo) del mismo modo que un cristal en punta y son muy útiles para programarlos con propósitos generales, es decir, para buena salud en general, la protección cotidiana y una sensación de bienestar etc.

Los cristales algunas veces también se modelan como varas con extremos redondeados o en punta. Son excelentes para usarlos como objetos de poder.

Los cristales con forma de Pirámide (con ángulos en relación con los ángulos de la Gran Pirámide) también son formas de cristal interesantes que pueden ser útiles particularmente en sanación.

Los cristales diseñados como los cinco Sólidos Platónicos (ver Capítulo 7) pueden tener aplicaciones interesantes que actualmente están siendo investigadas por trabajadores de las Herramientas de Luz de Cristal como Randall y Vicky Baer.

Otras formas geométricas pueden tener capacidades de energía diferentes. Los Baer también recomiendan inscribir símbolos en los cristales tallados o naturales. Los cristales tabulares son particularmente convenientes para este propósito y pueden inscribirse con símbolos o patrones de energía básicos.

De modo que podemos ver que hay una gran amplitud dentro de las variantes naturales del cuarzo y actualmente la investigación que se está conduciendo con cristales tallados para muchas aplicaciones diversas de esta maravillosa Herramienta.

También puede ser interesante, considerar que substancias y energías tienen una afinidad con el cuarzo. Estas son como sigue:

- ADN - Su forma helicoidal evoca la espiral molecular dentro de un cristal.

- Agua - Un mineral líquido por su propio derecho.

- Sangre / Cristales Sanguíneos- Se ha insinuado que la sangre tiene un flujo en espiral a través de las venas y las arterias del cuerpo.

- Formas Piramidales

- Sólidos Platónicos

- Formas Geométricas

- Imanes

- Oro

- Plata

- Cobre

- Platino

- Acero

Espero que esta información te de una guía cuando elijas cristales, sin embargo, debemos agregar que si te sientes particularmente atraído a un cristal, entonces probablemente ese cristal tendrá un uso particular y una afinidad particular para ti, ya que obviamente tiene una resonancia con tus vibraciones personales.

El método más común para elegir un cristal es por medio de la intuición. Puede haber "algo" sobre un cristal en particular, su claridad, inclusiones o "sentir" que te está atrayendo hacia él. Algunas personas sienten una sensación de hormigueo cuando toman el cristal, otros usan un péndulo para solicitar información de su consciencia superior.

No hay una manera correcta, cualquier cosa que sientas que está bien para ti es la manera apropiada. Solo manténte abierto y usa tu propia consciencia.

Es posible elegir cristales para otras personas, ya que un cristal que se da como regalo siempre es especial. Si mantienes una imagen o un pensamiento de esa persona en tu mente mientras lo eliges, podrás encontrar el cristal "correcto".

Capítulo 5

PURIFICACIÓN, LIMPIEZA, CARGA Y ENERGETIZACIÓN/ PROGRAMACIÓN DE TUS CRISTALES

L os cristales son especiales, es posible que no sepamos porqué, pero muchos de nosotros admitimos instintivamente que los cristales necesitan tratarse con amor y respeto. De hecho, se podría argumentar que en realidad nunca posees un cristal, a pesar del alto precio que hayas pagado por el. Es parte de la Tierra Viva y como tal, por derecho propio es una consciencia viviente. Ahora, es probable que no hables con el como lo harías con tus otras amistades, pero cuando se lleva para que esté bajo tus cuidados requiere de un ambiente protector. Es posible que quieras considerarte como un Guardián de los cristales que llegan contigo. Tal vez como Guardián puedes querer considerar lo que le sucederá a los cristales cuando tu ya no puedas cuidar de ellos y tomar medidas para pasarlos a otra persona o tal vez, introducirlos en la tierra o colocarlos en un río o el océano.

Los cristales aprecian ser limpiados ocasionalmente. Mientras que es probable que su integridad esencial nunca se contamine, tienen la tendencia de acumular energías estáticas y el polvo y la mugre del mismo modo que todo lo demás.

El método más común para limpiar los cristales es colocándolos debajo del chorro del agua fría por uno o dos minutos mientras mantienes la intención de que el cristal se limpie de cualquier energía indeseable o negativa. Nunca coloques un cristal bajo el agua a temperaturas extremas porque el cristal, aunque es una substancia dura, puede fracturarse si se somete a cambios repentinos de temperatura.

Usualmente este proceso es suficiente para los propósitos de limpieza ordinaria. Sin embargo, algunas veces el cristal puede haber estado en un ambiente donde había emociones desagradables o haberse utilizado en un trabajo de sanación y sientes que necesita una limpieza más profunda. Uno de los mejores métodos en esos casos es usar sal de mar (que es en si misma un cristal) y colocar el cristal directamente en la sal (debe ser sal de mar pura, que encuentras en las

Tiendas Naturistas) la cual necesita colocarse en un recipiente que no sea metálico.

También puedes usar una solución de agua super saturada de sal, disolviendo la sal de mar en el agua hasta que ya no se pueda disolver más, nuevamente usando un recipiente que no sea de metal. Cualquiera que sea el método, deja los cristales por lo menos durante un periodo de 24 horas, después enjuágalos bien con agua fría. Aunque la ciencia ortodoxa no acepta la premisa de que la sal es eficaz para este respecto, la larga de muchos trabajadores de los cristales ha demostrado que es muy eficaz.

Los cristales personales que se usan o se llevan con uno deben limpiarse regularmente, digamos una vez por semana. Los cristales que han sido expuestos a energías desequilibradas o se han utilizado en trabajos de sanación pueden limpiarse después de cada ocasión. Algunas personas que trabajan con los cristales, encuentran que sus cristales de trabajo tienen la tendencia de sentirse ligeramente pegajosos al tacto cuando necesitan limpiarse. Otros cristales aprecian ser limpiados por lo menos una vez cada tres meses.

Es probable que el cristal que hayas obtenido haya sido usado y programado por otra persona y es conveniente, por lo tanto, purificar el cristal antes de usarlo, o efectivamente, si has programado el cristal tu mismo y ya no necesita ese programa en particular desearás limpiar tu cristal.

Es conveniente purificar sólo la programación negativa y/o indeseable y dejar intacta cualquier programación benéfica o posiblemente antigua. La manera como haces esto es con tu intención, solicitando que así se haga. Puedes una vez más colocar el cristal bajo el agua mientras mantienes esta intención. Otro medio es usar el aliento con tu intención.

Lazaris recomienda el siguiente método —sostén el cristal entre el pulgar y el índice, toma una inhalación profunda después exhala fuertemente mientras aprietas el cristal. Al mismo tiempo mantén en tu mente la intención. Después dale al cristal una fuerte sacudida, agitando tu mano.

Para un óptimo resultado y en beneficio del cristal puedes desear cargar el cristal después de que lo has limpiado y purificado. Esto implica poner el cristal en un ambiente armonioso y natural:

- Colócalo en el rayo del sol y de la luna durante 24/48 horas.

- Entiérralo durante 48 horas.

- Colócalo dentro del hueco de una geoda grande que haya sido cortada a la mitad, después coloca las dos mitades juntas y déjalo durante 24 horas.

- Coloca el cristal en una pirámide que se haya alineado correctamente con el Norte, durante la noche o doce horas.

- Coloca el cristal dentro de una rejilla de otros cristales, digamos seis cristales arreglados en un patrón de estrella de seis puntos.

- Colócalo en un sitio santificado o sagrado, o dentro de los límites de un lugar de poder o el área de un vórtice durante 24 horas.

- Colócalo en el exterior sobre la tierra durante condiciones atmosféricas dinámicas, como lluvia/tormenta o tormentas de nieve.

Cuando un cristal ha sido limpiado, aclarado y cargado, está funcionando en su nivel más alto y está listo para usarse en cualquier programación que desees.

Energetizando/Programando

Hay muchas ideas que rodean el concepto de la programación. El mismo término puede considerarse de alguna manera dudoso, pero parece que ha desarrollado un uso aceptable en el campo de los cristales. Puede haber mejores términos, algunos han sugerido que dedicar los cristales es lo más adecuado. Tenemos la tendencia de usar la idea de energetizar un cristal con un propósito en particular, sin embargo, como la palabra programación comúnmente se entiende y es bastante descriptiva, trabajaremos con este término.

¿Qué es programación? Tenemos una comprensión del concepto por el uso de las computadoras donde los programas escritos aquí todo el tiempo como un término de computación) están diseñados y escritos por los programadores de computación en un lenguaje que comprende la computadora y después se carga en el disco duro de la computadora. El usuario del programa solo tiene que seguir el código y dar las instrucciones correctas para que responda la computadora. La claridad del programa es fundamental, la computadora sólo es capaz de trabajar dentro de los parámetros exactos del programa.

Marcel Vogel famosa autoridad en cristales y Antiguo Científico Investigador de IBM, responsable de desarrollos como el código magnético para las cintas y las substancias fosforescentes utilizadas en las imágenes de la televisión a colores, ha insinuado que mientras que las modernas computadoras electrónicas echan abajo de vez en cuando conceptos complejos en patrones numéricos que están almacenados en el medio magnético, los antiguos, usando los cristales como una especie de computadora, mentalmente proyectaron todo el conocimiento dentro del cristal y cuando lo necesitaban recuperaban el conocimiento, simplemente sintonizándose con el cristal. También descubrieron cuando observaban los cristales líquidos, que si él proyectaba un pensamiento dentro de un cristal líquido antes de que se solidificara, tomaba la forma de ese pensamiento, eso lo impulsó a dedicar el resto de su vida a comprender el poder de los cristales.

La esencia de la programación de un cristal radica en la claridad, la intención y la habilidad para formular una forma-pensamiento y para superponerla dentro de la rejilla cristalina del cristal de una manera concentrada y coherente.

En el Capítulo 6 presentamos la idea de que toda forma de energía tiene un impacto de algún tipo en la estructura cristalina del cuarzo y necesitamos entender que el pensamiento es una energía muy semejante a la electricidad, la luz, el sonido, etc.

Ahora sabemos, gracias a la ciencia moderna, que el cerebro emite una energía eléctrica o impulsos medidos como ondas cerebrales. Quizás es posible que cada pensamiento genere un patrón, de vibración muy específico que tiene una resonancia favorable en la estructura del retículo del cuarzo.

El Doctor Charles Littlefield, autor de *"Man, Minerals and Masters"*, experimentó con la influencia del pensamiento sobre las células cristalizadas de sales. Él formularía un patrón de pensamiento preciso de una palabra, número o letra y lo proyectaría en una solución de células de sal cristalizándose en forma sólida. Él descubrió que las estructuras cristalizadas variaban con cada patrón de pensamiento particular y que la misma vibración de pensamiento producía patrones cristalinos idénticos. Cuando aplicó las fórmulas de pensamientos basadas en la Cábala, se sorprendió al encontrar que se formaron jeroglíficos y formas simbólicas.

Ahora, es posible que la mayoría de nuestros pensamientos sean tan dispersos y momentáneos que la energía producida sea mínima y posiblemente sufra de interferencia cuando estamos agitados o ansiosos, muy semejante a la estática en el radio. Para ser eficaz en términos de energía, nuestro pensamiento necesita estar enfocado y claro, de modo que nosotros necesitamos estar en un estado de consciencia claro y concentrado.

El cristal que estás usando es en efecto, una herramienta y cuando programas este cristal se convierte en una extensión del ser. Una fuerte resonancia armónica se establecerá entre la consciencia de la persona y su cristal. Cuando programas un cristal efectivamente estás programando tu mente consciente. Cualquier cosa que se programe en el cristal, la duplicará después de un tiempo y como el cristal lo manejas tú mismo o se encuentra dentro de tu campo de energía, constantemente estará infundiendo e imprimiendo tu programa de regreso a la consciencia del programador, ayudándole efectivamente a tu consciencia para que manifieste la realidad requerida.

El cristal no es un mago, no realiza milagros esfumándose en el aire. Un cristal tiene una consciencia propia altamente evolucionada, pero esa consciencia no "trabaja la magia" en tu beneficio sino que "trabaja la magia" reflejando de regreso, de una manera amplificada y consistente, lo que tu necesitas efectivamente, "trabajar la magia" tú mismo.

Ahora, el cristal puede "trabajar su propia magia" para su propio beneficio y posiblemente el propósito de la tierra. Irradia su propia energía y luz que es benéfica para nosotros y nuestro entorno, pero cuando se usa como herramienta para programarla, funciona reflejando y amplificando en nuestra propia conciencia con la forma de nuestra intención. La intención es la palabra clave —es casi como si la intención necesitara ser tan enfocada y clara, que por si misma se cristalice y el cristal actúa como una metáfora simbólica. Al hacer esto guarda y retiene tu intención todo el tiempo que lo necesites. Por lo tanto, siempre tienes el dominio sobre tu propio propósito.

¿Cómo programas eficazmente un cristal? Básicamente necesitas estar centrado en ti mismo y tener un estado mental relajado pero concentrado. También necesitas una idea de la intención que deseas programar en tu cristal, concisa y clara. Podrías formular una frase original que encapsule tu intención, por ejemplo, digamos que deseas programar un cristal para la armonía y el equilibrio en general, podrías usar la frase original: "es mi intención que este cristal me llene de equilibrio y armonía".

Así que estás con el estado mental correcto y tienes tu frase original lista, como introduces realmente el programa en el cristal. Uno de los métodos más simples y efectivos fue descrito, una vez más por Lazaris en la Cinta "Cristales, El Poder y el Uso".

Primero elige tu cristal, este puede ser un cristal transparente sencillo o con doble terminación, un Huevo o una Esfera. Después trabajas el cristal elegido en tu mano, dándole vuelta y apretándolo para darle el efecto de que está suavizándose y calentándose. Coloca tu dedo en una cara o lado prominente del cristal y presiona en ese punto. Mantén tu intención en tu mente, es decir repite tu frase original, de una manera clara y concentrada, después exhala suavemente. Ahora tu cristal está programado. Mantén el cristal cerca de ti o cuando lo desees, puedes frotar la cara o lado del cristal y visualizar que está emanando del cristal energía en el punto de terminación, o puntos, o difundiéndose hacia afuera desde la superficie de una Esfera o un Huevo.

Hay otros métodos que puedes usar. Podrías sostener el cristal sobre el área del tercer ojo y visualizar dentro del cristal. También podrías sostenerlo sobre el área del corazón. Otro método es sostener tu mano apretada alrededor del cuerpo del cristal y repetir la frase original 20-30 veces. Si repites esto durante un período de siete días, el programa quedará profundamente impreso en la matriz de la mente/cristal. Una observación que se hace es que puede ser eficaz si, mientras visualizas tu frase original, la expresas en voz alta, ya que los patrones inherentes en los sonidos creados le agregan su energía adicional al proceso.

Otra pregunta conveniente es, que tantos programas puedes introducir en un cristal. Es posible que un cristal guarde una cantidad de información sorprendente, pero una idea funcional es usar cada faceta de la terminación y cada lado del cuerpo para un programa diferente, ya que esto significa que podríamos ingresar doce programas separados en un cristal. Sin embargo, en la práctica, algunas facetas de la terminación son muy pequeñas y puede ser muy difícil usarlas. También podrías necesitar recordar que faceta o cara fue usada para cada programa. Posiblemente va a ser más práctico, en particular para el poseedor del cristal novato, usar todo el cristal para un programa y después sólo tienes que recordar que cristal contiene cual programa.

También es posible programar cristales con diferentes energías como color, sonido, fragancia, remedios, etc. Y mencionaremos el uso de los cristales de este modo en el próximo capítulo.

Habiendo dado las normas básicas de un estado mental relajado, una frase o visualización concisa de tu programa requerido y un método para conectarte con tu cristal, puedes usar cualquier método que sientas que es correcto para ti y dejarte guiar por tus propios sentimientos e intuición en el proceso de la programación.

Capítulo 6

EL CUARZO COMO UNA HERRAMIENTA METAFÍSICA

Ahora que hemos observado las ideas científicas actuales sobre el Cuarzo y hemos discutido el modelo, la forma y el tipo, podemos saltar de lo conocido a lo desconocido —dentro de lo metafísico.

Posiblemente podría decirse que cuando la física saltó dentro del mundo de la Mecánica Cuántica y las partículas subatómicas, dio un paso dentro de las realidades invisibles de la metafísica. Si los físicos sólo pudieran deducir la existencia de una partícula subatómica por la huella que deja, es donde podemos dibujar la línea entre la física y la metafísica. La interacción que se lleva a cabo cuando el cuarzo se usa como una herramienta, está utilizando un proceso natural que de cualquier modo está ocurriendo constantemente, en el nivel de las partículas subatómicas.

Cada cristal de cuarzo, básicamente está compuesto de millones y millones de espirales moleculares. Estas espirales forman un retículo tridimensional altamente ordenado que se forma en el conocido cristal de seis lados, muy exacta y precisamente. Parece que esta estructura cristalina responderá, en un nivel subatómico, a un amplio rango de energía, como es el calor, luz, presión, sonido, electricidad, microondas y de hecho todas las energías electromagnéticas, incluyendo la energía que llamamos pensamiento. En respuesta a cada tipo de energía, los átomos oscilan en altas velocidades creando frecuencias vibratorias específicas.

Cuando un cristal se aprieta en la mano, la cantidad de electricidad producida es demasiado pequeña para medirse científicamente, necesitaría golpearse el cristal bastante fuerte para obtener una lectura medible. Sin embargo, hasta cuando se aprieta sólo con la mano se está llevando a cabo una interacción incrementada, en que más electrones son alentados como si fueran a "salir disparados" y otros electrones están siendo "agarrados" de la atmósfera para reemplazarlos.

La entidad canalizada Lazaris, al hablar sobre cristales, señala que en todo momento la energía, de algún tipo, está teniendo un impacto en los cristales y que la energía de la tierra a 7.8314 Hz (ciclos por segundo) está fluyendo como si fuera, a través de los cristales ya que son parte de la energía de la tierra. Esto significa que la energía está fluyendo a través de la estructura interna del cuarzo en todo momento. Además, algún tipo de energía, sea calor, luz, sonido, etc., o pensamiento, está impactándose en el exterior del cristal. Estos dos efectos, el flujo interno y la presión interna, aunque sean mínimos se combina para formar una energía sinérgica. Así, estés activando el cristal o no, está efectivamente, irradiando e intercambiando energía en todo momento.

Lazaris también sigue mencionando lo que el llama Las Siete Funciones Metafísicas del Cuarzo:

1. Equilibra y Armoniza
2. Reúne y Almacena Información
3. Amplifica, Dirige y Proyecta Energía
4. Tiene un Efecto de Transformación
5. Condensa y Enfoca Energía
6. Tiene la Habilidad para Comunicarse con Otros Cristales
7. Protege y Sana

Lo anterior nos da una idea de la forma en que podemos usar el cuarzo como una herramienta para el desarrollo y la sanación personal y en nuestra vida diaria.

También necesitamos considerar que el cristal de cuarzo tiene una estructura increíblemente organizada y oscilaciones muy estables, tan estables que otras oscilaciones en las cercanías se sincronizarán. Este es un efecto natural que puede demostrarse al colgar varios péndulos de la misma longitud en una pared y hacer que empiecen a oscilar fuera de fase, o fuera de sincronización. Después de un tiempo recogerán las vibraciones a su alrededor y todos se moverán a la fase —resonancia, es decir todos se moverán al unísono. Esta fase-resonancia es el estado para que ellos estén más naturales, fáciles y armoniosos.

Esto insinúa que algo, con una estructura altamente ordenada como el cuarzo, puede tener la habilidad para equilibrar las energías dispersas o desequilibradas. Así que al colocar una drusa de cuarzo en una habitación o al usar un cristal, las oscilaciones estables pueden ayudar a llevar al equilibrio las energías dentro de sus inmediaciones. Esto podría tener el efecto de apaciguar las emociones, las cuales son de hecho una forma de energía particular.

Hay un par de ejercicios que puedes hacer para sentir la energía de un cristal. En ambos ejercicios necesitas tener un estado mental relajado, pero concentrado y no te preocupes si la primera vez no obtienes respuesta.

Para el primer ejercicio se recomienda que sensibilices tus manos frotando las palmas, una con otra de 30 segundos a un minuto. Después sopla sobre ellas para crear una sensación de hormigueo. Luego, sostén un cristal claro con punta (con una sola o dos terminaciones) en una mano y ligeramente toca el centro de tu otra palma con la punta de cristal. Aleja la punta de tu palma, aproximadamente una pulgada y después realiza un movimiento circular. Debes sentir la energía que emana de la punta mientras se mueve sobre la palma de tu mano, posiblemente como una sensación de hormigueo o puede ser de frío. Aleja más la punta y observa que tan lejos puede llegar antes de que pierdas la sensación.

Para el segundo ejercicio, necesitas dos puntas de cristal más pequeñas (con terminación sencilla o doble) o dos esferas pequeñas de cristal. Es bastante sencillo, sostén una entre el primer dedo y el pulgar de cada mano y siente la energía que aparentemente palpita rápidamente a través de cada cristal.

De modo que ahora tenemos alguna idea de la manera en que funciona el cuarzo y como prepararlo para que esté listo para usarse, presentemos algunas ideas prácticas y realistas.

Cuarzo en la Agricultura/ Horticultura/ Jardinería

Ya existe un precedente del uso del cuarzo en la agricultura, si bien de una manera diferente. El método Biodinámico de la agricultura creado por Rudolph Steiner a principios de 1900, utiliza cuarzo pulverizado en su Preparación 501 (ocasionalmente se ha usado un silicato como el Feldespato pero en general es preferible el cuarzo). Esto se aplica homeopáticamente en el follaje y se dice que ayuda a la formación de la sustancia de vida de la planta en las hojas verdes bajo la influencia de los rayos solares y aparentemente ha demostrado ser muy efectiva.

En el libro de Gurudas —*Gems Elixirs & Vibrational Healing Vol. II*, que gran parte es información canalizada, una de las entidades afirma: "El Cuarzo debe considerarse como un amplificador mayor en la agricultura porque incrementa todas las propiedades presentes... El Cuarzo es un estimulante importante de la fuerza vital que se extiende al nivel bioquímico de las plantas."

Un método para mejorar la tierra y/o que actúe directamente sobre las plantas es programar un cristal para el propósito requerido y colocar el cristal en agua de Manantial durante 24 horas. El agua puede entonces rociarse en la tierra y en la planta como se necesite.

Otro método es colocar cristales en la tierra a lo largo de las plantas. Todas las plantas en nuestra casa tienen su cristal de compañía, ya sea con una o dos puntas o una drusa.

Puedes preferir colocar un cristal programado debajo del nivel de la planta, directamente dentro de la tierra.

También puede valer la pena colocar las plantas en círculos, lo cual puede incrementar las energías y colocar un cristal en el centro del círculo. Este sistema de jardinería se llama Genésico, la energía de la planta se retiene y fluye continuamente. Este método también utiliza una estructura, conocida como un Cristal Genesa, el cual es esférico y está hecho con un tubo de metal y contiene una drusa de cristal de cuarzo en el centro. La estructura está basada en los ángulos y las proporciones del óvulo humano fertilizado.

En Virginia, EUA existe un jardín llamado Perelandra que fue inaugurado en 1976 por Machaelle Small Wright. Perelandra es un Centro de Investigación de la Naturaleza con una diferencia. Machaelle Small Wright trabaja con las inteligencias, que están detrás o son inherentes dentro de la Naturaleza, como son los niveles de los Espíritus Dévicos y de la Naturaleza. Esto resultó en un método de jardinería que ella menciona como Jardinería Cocreativa, la cual utiliza la aportación comprendida de los reinos de la naturaleza, combinado con la acción y la colaboración de Machaelle. El diseño del jardín Perelandra tiene como base un círculo y tiene un diámetro acumulado de 100 pies. En el centro de este círculo se encuentra un cristal Genesa que contiene una drusa de cuarzo y una pieza de topacio. Machaelle también utiliza cristales/minerales en su jardín, basados en las ideas y consejos de sus asistentes de la naturaleza.

También es posible utilizar un cristal programado para fomentar el crecimiento de los brotes de las semillas, o para incrementar y mantener la fuerza vital de los vegetales que están almacenados. El corte de flores puede también ayudarse al tener su propio cristal programado. Ahí se encuentran todas las posibilidades para ser exploradas.

Color

El gel o el cristal de colores son útiles para programar los cristales. Esto les da una nota clave de energía, por ejemplo el color azul. Después de preparar el cristal al limpiarlo, purificarlo y cargarlo, el cristal necesita exponerse al color elegido. Un método es colocar el cristal bajo la luz directa del sol o de la luna de 24 a 48 horas, con el gel o el cristal adherido a una o más de las facetas de la punta, o si es más fácil a todo el cristal. Los reflectores y los proyectores de aguja también pueden usarse conjuntamente con los geles o los cristales de colores. Con este método se exponen los cristales de 45 a 60 minutos en una habitación en penumbras. Los geles teatrales son un buen medio para usar ya que en realidad son pigmentos de colores cristalizados. El vidrio coloreado hecho a mano también es bueno, pero también es más costoso y difícil de encontrar.

Una idea sería programar ocho cristales con color, siete para cada uno del espectro de colores y uno para la luz blanca. Esto podría ser útil para la sanación de los chakras y para incrementar cualquier tipo de sanación de colores como se discute en el Capítulo 7.

Sonido

Puedes usar diapasones, instrumentos musicales, piezas de música grabada y la voz humana, posiblemente como mantrams, para programar un cristal, los cristales son especialmente sensibles a las vibraciones del sonido.

De hecho existe una conexión muy fuerte entre el sonido y la forma. Según el Terapeuta de Colores Theo Gimbel, que ha investigado extensamente el color, el sonido y la forma, existen 5 pasos en la forma manifiesta —oscuridad, luz, color, sonido y forma y que el sonido es el medio poderoso por el cual es creada la forma, primero en el estado invisible y después en el visible. Él sugiere que los cristales son formas de sonido originales.

Formula una frase original al preparar el cristal para que acepte el sonido requerido. Con un diapasón, coloca el mango vibrador en el cuerpo del cristal, dejando que la frecuencia se impregne en todo el cristal. Repite este procedimiento de 5 a 7 minutos una vez al día durante 7 días.

Se podría utilizar un procedimiento similar con tonos o cuerdas sencillas tocadas en un instrumento musical.

Para una pieza completa de música, coloca el cristal cerca, o encima de la bocina y toca toda la música tres veces.

Con mantrams o tonos vocales cantados, entona directamente en el cristal de 15 a 30 minutos. Estos cristales "sónicos", podrían entonces utilizarse para la meditación o los propósitos de la sanación.

En 1700, Benjamin Franklin construyó un instrumento musical que tenía cristal de cuarzo. Esta idea derivó del golpeteo en vasos para producir sonidos musicales. Los modelos posteriores conocidos, como la armónica de cristal o armónicum, fue muy popular a principios de 1800. Mesmer (el padre de la hipnosis), también utilizó la armónica de cristal para calmar a las personas en los hospitales mentales y para inducir a un estado receptivo en sus sujetos hipnóticos. Sin embargo, el material usado no estaba elaborado con cuarzo, sino con vidrio hecho con contenido de plomo, que se encontró era dañino para la salud, así que el instrumento perdió popularidad.

En 1982, en Massachusetts, Gerhard Finkenbeiner se inspiró para reconstruir este instrumento usando solamente cristal de cuarzo natural. Este instrumento tuvo un efecto benéfico y sanador en general sin efectos laterales problemáticos. Finkenbeiner también empezó a construir campanas de iglesia con cristal de cuarzo. Se piensa que en los legendarios días de Lemuria, las flautas de cristal de cuarzo se usaban y tenían un alto grado de resonancia para la sanación.

Durante los últimos años, ha crecido la popularidad en el uso de los Cuencos Cantantes de Cuarzo. Estos

cuencos están elaborados con arena de silicio, es tan
pura que se usa para hacer el cristal de fibra óptica.
Esta arena se echa en un molde giratorio que contiene
una antorcha eléctrica en arco, ardiendo a varios
miles de grados centígrados. Integra las partículas
individuales en un conjunto unificado. Entonces se
sintonizan los cuencos, algunos con notas individuales
para trabajar con chakras específicos. Los cuencos se
tocan por medio de un palo con la cabeza de goma que
es frotada alrededor, cerca de la parte superior externa
del cuenco. Esto genera una onda seno muy pura que
ha sido probada hasta la tercera parte de una milla. Esta
onda de la forma, mientras atraviesa los objetos físicos
tiene resonancia con ellos. La resonancia vibra en las
cavidades de tu cuerpo y en la estructura cristalina
de tus huesos, por lo tanto tiene mucho potencial de
sanación.

Fragancias y Remedios/ Esencias Florales

Es posible programar un cristal para que absorba
las energías vibratorias de las fragancias, de los aceites
aromáticos y de los Remedios o Esencias Florales.
Para programar el cristal formula una frase original para
que absorba las energías y después coloca sobre el
cristal elegido una o dos gotas de la fragancia o remedio seleccionado y déjalo 24 horas.

Influencias del Medio Ambiente

También es posible impregnar la energía de una planta, un árbol, una flor, o hasta de una cascada, un río o una corriente, en un cristal en particular. Prepara el cristal como antes, verbalmente afirma tu frase original para aceptar las energías de, digamos, un árbol de Cedro o de Pino, Rosa o Lavanda, por ejemplo y deja el cristal en el área de 7 a 10 días. Si tienes la tendencia de trabajar con las inteligencias de la Naturaleza y el Reino Dévico, es posible que quieras pedir ayuda con este proceso.

Magnetismo/Energía Piramidal

El magnetismo es útil en la sanación y parece que tiene una relación armoniosa con el cuarzo. Puedes probar exponiendo un cristal preparado ya sea al Polo Norte o Sur de un imán. En general el Polo Norte es negativo (en términos de polaridad) y tiene unas propiedades calmantes y decrecientes, el Polo Sur es positivo y tiene propiedades de fortalecimiento y expansión. Sin embargo, no es aconsejable usar un cristal que ya haya sido programado ya que es posible que los imanes tengan la habilidad de "despejar" la programación previa de un cristal.

La energía piramidal también está estrechamente relacionada con el cristal de cuarzo. Anteriormente mencionamos la debida relación que hay con respecto a los ángulos y al hecho de que las facetas de terminación también se conocen como Facetas Piramidales. Parece que las Pirámides son acumuladores y transmutadores de energía. Los cristales colocados en una pirámide con las proporciones correctas, que esté alineada al Norte, pueden cargarse y programarse con la energía amplificada. Entonces podrías ensayar usando un cristal programado, del mismo modo que usarías una Pirámide, es decir, deshidratación de los alimentos, aceleración de la sanación y con propósitos de meditación. Parece que los cristales generalmente se intensifican cuando se colocan en una pirámide aunque no exista ninguna programación específica.

Energías de la Tierra

Ya mencionamos previamente como cargar un cristal colocándolo en un sitio de poder, en un centro de energía o en un lugar sagrado. Si lo deseas puedes programar un cristal para infundirle las cualidades de ese sitio de poder y usar el cristal como una herramienta para incrementar la meditación o posiblemente dentro de un contexto de sanación, formando el cristal un vínculo verdadero con el nivel de energía de ese lugar. Una vez más, si lo deseas, puedes pedir ayuda a los Reinos Dévicos o los Niveles Espirituales de la Naturaleza.

Protección

Hay momentos en que nos gustaría sentirnos protegidos en ciertas circunstancias, así como tomar todas las precauciones normales y sensibles, entonces por qué no se programa un cristal como protección. Podría usarse una sola punta, una esfera o una drusa para establecer un ambiente de protección alrededor de una casa o del sitio donde habitas. Otro podría colocarse en el coche, por supuesto es posible que desees llevar contigo un cristal que esté programado para la protección general en toda circunstancia.

Sueños

Para incrementar el estado del sueño, la Amatista es bastante conveniente, particularmente si deseas estar abierto a la inspiración de los reinos superiores, de tu consciencia superior, mientras sueñas. Alternativamente, puedes programar una punta de cristal claro, o una esfera para desarrollar la habilidad de incrementar tus sueños, lo cual muchas veces es difícil.

Percepción

Como se mencionó previamente, las esferas de cristal se han usado durante muchos siglos con propósitos de clarividencia. Algunas veces, una pieza de cristal también puede funcionar, o de hecho, podrías programar un cristal para ayudar a incrementar tus habilidades psíquicas o la percepción extrasensorial, como telepatía, clarividencia, clariaudiencia, etc.

Meditación

Otra vez, la Amatista es muy conveniente en los propósitos de meditación. Tiene un efecto calmante en la mente, así que es ideal para ayudar con la relajación y la meditación. Las esferas son útiles por el efecto tranquilizante que tienen aunque solamente se les sostenga en la mano. También puedes programar una punta de cuarzo transparente para ayudar a facilitar el estado de meditación. También puedes desear sostener o colocar un cristal en el área del tercer ojo durante un período de meditación, para ver si puedes sentir una antigua programación. El tipo de cristal que tiene una cara plana grande en la terminación es ideal para este propósito.

Radiestesia

Las puntas de cristal también son excelentes péndulos y por lo tanto son excesivamente útiles para la radiestesia. Tienes la ventaja adicional de poder programar el cristal para ayudarte a localizar cualquier cosa que intentes encontrar.

Cargando Agua

Recuerda que el agua también es un mineral. De hecho es la sustancia más asombrosa. Lyall Watson en su libro Supernature, explica la posibilidad que existe para que la actividad cósmica le afecte a un ser viviente, porque el agua forma gran parte de todos los cuerpos (en la figura del hombre es de 65%).

El agua es un compuesto químico de dos elementos, hidrógeno y oxígeno, H_2O. Es una de las pocas sustancias que es mas densa en su estado líquido, que en su estado sólido, es decir, hielo. La cual es importante para toda la vida en la tierra, ya que significa que el hielo flota y el agua no queda "encerrada" en el hielo. Aparentemente es mas densa a unos cuantos grados arriba de su punto de fusión.

La manera en que los átomos de hidrógeno y de oxígeno se unen significa que es un vínculo químico débil, siendo su fuerza del 10% de casi todos los vínculos químicos, de modo que tiene que haber muchos vínculos para mantenerla junta. Como hielo, forma la estructura de hidrógeno conocida, vinculada más perfectamente. Es tan preciso este patrón cristalino que parece persistir en el estado líquido y aunque permanece clara, el agua contiene áreas de cristales de hielo que se forman y se fusionan muchos millones de veces por segundo. En efecto el agua parece recordar la forma del hielo repitiendo frecuentemente la fórmula en si misma, estando lista para regresar al hielo en cualquier momento.

Así que el agua es sorprendentemente flexible y por lo tanto parece ser capaz de quedar impregnada con, y recordar, diferentes patrones vibratorios. Es por esto que se usa como base en las esencias/remedios florales, algunos remedios homeopáticos y el motivo por el que puede funcionar también con los cristales.

Programa un cristal para aumentar la fuerza vital del agua y coloca el cristal en el agua más o menos por 24 horas. Después bebe el agua (obviamente habiendo utilizado agua potable en primer lugar). Alternativamente, es posible que quieras programar un cristal para que te ayude de alguna manera, por ejemplo, para abrir e incrementar tu conciencia. Como antes, coloca el cristal en el agua durante 24 horas y bébela cuando esté lista.

Dijes de cristal

Obviamente la única manera en que fácilmente puedes llevar un cristal cerca de tu cuerpo es usándolo como dije. Actualmente es posible comprar cristales de cuarzo naturales modelados y pulidos. Hasta cierto punto serás guiado por tus sentimientos instintivos en cuanto a que tipo de dije de cristal te sientes atraído. Nosotros preferimos trabajar con puntas naturales, con terminación sencilla o doble, que estén "envueltos" con alambre de plata. Esto tiene la ventaja de darle una vista natural, no necesita pegamento y deja los extremos del cristal totalmente libres de modo que el flujo de la energía no quede obstaculizado de ninguna manera.

Un dije de cristal normalmente se convierte en un cristal muy personal y puede programarse para adaptarse a tus propias necesidades especiales.

Un dije de una sola punta (el cual cuando se use la punta esté hacia abajo) tiene la tendencia de estar orientado hacia el físico y puede ser bastante cimentador. Un dije de cristal con doble terminación, como la energía está fluyendo en ambas direcciones suele reforzar el equilibrio de los aspectos físicos y espirituales.

Como un dije de cristal se encuentra en tal cercanía, necesita una limpieza con bastante frecuencia. Esto puede hacerse enjuagándolo bajo el chorro del agua fría, mientras se mantiene la intención de que el cristal se limpie de cualquier negatividad que pueda haber absorbido del medio ambiente. Otra manera, es colocar el dije en una drusa de cristal transparente o amatista toda la noche, lo cual limpiara y recargará el cristal.

No es recomendable usar el mismo dije de cristal permanentemente. Parece ser más benéfico cambiar de dije o dejarlo sin usar unos cuantos días, digamos cada dos meses. Igual que con otras cosas, puedes llegar a saturarte de algo bueno.

También puedes desear programar, o imbuir tu dije de cristal con ciertas energías que puedas sentir benéficas, como la energía del sol, la luna, las estrellas o de ciertos árboles, flores, lugares o sonidos.

Capítulo 7

TÉCNICAS PARA USAR EL CUARZO EN SANACIÓN

A ntes de que ahondemos de que manera podemos utilizar los cristales en sanación, necesitamos echar un breve vistazo al tema de las energías sutiles. Cuando observamos el reino de la metafísica necesitamos algún tipo de estructura para que guíe nuestro entendimiento. La mística, durante muchos siglos, ha indicado que todo lo que existe es energía y que la materia es una ilusión.

Como vimos en el Capítulo 3, parece que los físicos están llegando a conclusiones semejantes —todo lo que existe es energía vibratoria, u ondas-forma oscilantes que crean una red de patrones de interconexión y relaciones basadas en la resonancia. Cuando estas frecuencias vibratorias alcanzan cierto nivel nos parece que se convierten en otra cosa, es decir, el color se convierte en sonido, el sonido se convierte en una forma manifiesta y en algún punto de esa jornada, estas frecuencias son capaces de "moldearse" por medio de la energía del pensamiento. Tal vez todo lo que damos por hecho como realidad sólida, es en efecto, sólo pensamiento solidificado, establecido en patrones duraderos por la tendencia humana de querer mantener las cosas iguales.

Durante mucho tiempo, los clarividentes han dicho que todas las cosas vivas tienen un aura de energía. Se pensaba que cada humano emanaba un campo de energía, no sólo de calor, sino toda una gama de energías sutiles, posiblemente de naturaleza electromagnética, que eran visibles a la visión del clarividente.

Ahora se insinúa que las mismas energías sutiles son, en efecto, el proyecto del cuerpo físico. El aura genera el cuerpo físico en vez de que el cuerpo físico genere el aura. Esto nos lleva a considerar que toda la realidad física es generada por un patrón o proyecto de energía. Todo es vibración —la única diferencia entre las "cosas" es la velocidad o la frecuencia de sus vibraciones.

Entonces el sistema de energía humana es el campo de energía colocado en el tiempo y el espacio, concentrado en la realidad física. Nosotros estamos constituidos por una amplia gama de frecuencias vibratorias, pulsando en bellos patrones y relaciones, llenos de luz y de color —somos arco iris que caminan. Este "cuerpo" de energía interpenetra el físico y cuando este campo de energía, el cual contiene nuestra consciencia, se aparta de la realidad física entonces nuestra "cáscara" física pierde la coherencia y se desintegra, en otras palabras, nuestros cuerpos mueren. Nuestra consciencia, inmersa en un mar de frecuencias vibratorias, simplemente se concentra en una longitud de onda diferente.

Es un hecho que la gente que haya perdido un miembro haya sentido el síndrome de un miembro fantasma. Realmente sienten dolor, o algunas veces comezón, en el miembro que ha sido eliminado. Algunos han insinuado que esto sucede porque aunque el miembro físico ya no exista, el proyecto o energías sutiles permanecen intactas.

También se ha propuesto que la enfermedad y el malestar se presenta primero, o es provocado por algún tipo de desequilibrio en este campo sutil de energía. Si el problema no se enfrenta en este nivel, se manifestará finalmente a si mismo en el cuerpo físico como trastorno emocional o físico y puede ser más difícil tratarlo.

La lógica detrás de casi todas las terapias vibratorias es tratar el desequilibrio mientras existe en el campo de energía sutil, o, como es difícil detectar el problema en este nivel, tratar el cuerpo físico intentado regresar las energías sutiles al equilibrio. Así que cuando sanamos, como sea que lo hagamos, estamos afectando no sólo el cuerpo físico sino también el campo de energía sutil. Recordando que el cristal de cuarzo tiene una estructura altamente organizada, la cual es seguramente el reflejo de un campo de energía altamente organizado, podemos ver que los cristales pueden ser muy útiles en muchas modalidades diferentes de sanación.

Existen muchas maneras, técnicas y niveles de sanación. En el nivel básico el uso de los cristales en sanación puede significar simplemente, tenerlos en las cercanías cuando estás haciendo la sanación o usando una técnica terapéutica. La energía intrínseca propia de los cristales incrementará cualquier entorno de sanación sin ningún esfuerzo por parte del sanador. Sin embargo, cuando los cristales se utilizan de este modo se benefician al limpiarlos frecuentemente para mantener su nivel de eficiencia óptima. Pueden suceder muchas cosas en términos de energía sutil cuando se está dando la sanación y los cristales pueden acumular energías que requieren transmutarse por el uso de agua corriente, sal de mar o luz solar.

También es prudente limpiar un cristal que tengas cerca de ti regularmente si estás padeciendo una enfermedad o un trauma. Hemos experimentado dos ejemplos recientemente, uno en el que a una señora con un cáncer avanzado se le cayó una punta de amatista que mantenía a su lado y se sorprendió cuando al caer en el suelo descargó una gran chispa y otro en el que una señora estaba padeciendo un poco de trauma que recibió por una ligera descarga del cristal que estaba usando. También hemos escuchado, aunque no verificado, casos en donde los cristales, muchas veces Cuarzo Rosa (recuerda que el Cuarzo Rosa ayuda a tratar con la energía emocional), se han fracturado cuando existe demasiado trauma emocional en sus inmediaciones.

También es posible incluir cristales en una situación de sanación pidiéndole al paciente que sostenga durante la sesión un cristal programado adecuadamente. Este puede ser una punta o una esfera de cristal transparente programado, o podrías solamente usar una pieza o una esfera de cuarzo rosa. La Amatista (la cual ayudaría al paciente a conectarse con su propia consciencia superior) o el cuarzo ahumado (para ayudar a conectarse con las energías de la tierra) también son convenientes.

Los cristales pueden utilizarse con otro tipo de medicina complementaria. Ya hemos visto como se pueden programar los cristales con colores, sonido, fragancias, remedios/esencias florales, etc. Las puntas de cuarzo podrían usarse en reflexología o acupresión (por supuesto, usándolas con gran suavidad) y las esferas podrían usarse en reflexología o masaje. Es posible comprar piedras para masaje talladas en cuarzo transparente, cuarzo rosa o amatista. Algunas veces se llaman piedras onduladas, por su forma. Son muy eficaces en el masaje y he descubierto que mi piedra para masaje de cuarzo transparente es muy benéfica cuando se le da masaje a las plantas de los pies.

En la sanación con las manos, como en la Sanación Psíquica o Espiritual, las esferas o las puntas de cuarzo puede frotarse en las manos antes de la sanación para ayudar a darle energía a las manos. En Aromaterapia, algunos terapeutas colocan durante un rato varas de cristal o puntas programadas en el aceite para dar masaje, antes de que se utilice el aceite. Los profesionales que usan esencias florales es probable que deseen cargar el agua que usan para mezclar las esencias con el uso de un cristal programado.

En este punto también es apropiado mencionar el uso de Elixires de Gemas. Los Elixires de Gemas, que trabajan con el mismo principio que los Remedios/Esencias Florales como en los Remedios Florales de Bach, se elaboran colocando una piedra de cristal/gema en agua y después se pone bajo la luz solar para cargar el agua con las vibraciones etéricas/sutiles del mineral. Esto se convierte entonces en una tintura madre, el Elixir resultante se utiliza casi igual que la Esencia Floral. Aunque puedes comprar los Elixires ya hechos, lo cual es útil cuando se trata de piedras tan costosas como Diamantes, Esmeraldas y Rubíes, etc., tu puedes hacer tu propio Elixir con cuarzo transparente, cuarzo rosa, amatista o cuarzo ahumado.

Según la entidad canalizada que habla en los libros de Gurudas *Gemas, Elixires y Sanación Vibratoria* Vol. I y II, los elixires de cuarzo son útiles de la siguiente manera:

- El cuarzo transparente ayuda a amplificar las propiedades cristalinas en el cuerpo y ayuda a estimular, a nivel celular, las secreciones glandulares de la glándula pituitaria y la producción de glóbulos blancos. Este Elixir también da protección a la radiación de fondo.

- El cuarzo ahumado tiene la habilidad para limpiar el aura si se coloca en un atomizador y se rocía como llovizna fina alrededor del cuerpo. También es útil para la gente que padece depresión. A nivel celular, la fertilidad puede incrementarse en ambos sexos. También la asimilación de la proteína se incrementa con el uso de este cuarzo.

- La Amatista ayuda a equilibrar el metabolismo y estimula la actividad del cerebro medio y el hemisferio derecho. Los desequilibrios de los hemisferios izquierdo y derecho del cerebro como en el autismo, la dislexia, la epilepsia, etc., se alivian con este Elixir. Las Glándula Pineal y Pituitaria se acrecentan y es útil para los que padecen problemas en los niveles de azúcar en la sangre como diabetes o hipoglucemia. También es útil en la gente que tiene una autoestima baja o una sensación de incertidumbre. Igual que la Amatista física, es útil para alentar la meditación y un conocimiento de la consciencia superior.

- El Cuarzo Rosa es útil en casi todos los trastornos sexuales, leucemia y problemas circulatorios. Este Elixir ayuda a incrementar la confianza y restablece el equilibrio de las emociones.

Los sanadores que predominantemente usan sus manos en la sanación pueden desear incorporar el uso de cristales en el proceso de la sanación. Puedes, por supuesto, desear diseñar tus propios métodos al usar los cristales, programándolos apropiadamente para que ayuden a amplificar la energía de curación con la que estás trabajando.

El siguiente es un método que se recomienda:

Elige el cristal que decidas que es correcto para que lo uses en la sanación y prepáralo y prográmalo con una frase original apropiada, por ejemplo, "Es mi intención usar este cristal para la sanación de 'esta persona' con 'este propósito' y dejar que se restablezca la salud".

Después sostén el cristal en cualquiera de las dos manos que sientas apropiada en ese momento, centra tu consciencia en el área del corazón imaginando una hermosa esmeralda de color verde, pulsando hacia afuera del centro de tu pecho.

Por uno o dos minutos, imagina que el verde se está expandiendo por todo tu cuerpo e inundando tu aura. Después expande el verde alrededor de tu aura y del cuerpo de tu paciente. Mientras visualizas este verde maravilloso, pide, mentalmente si es más cómodo para ti, que las energías de la Naturaleza te ayuden con la sanación que vas a iniciar.

Después imagina que un rayo de luz blanca entrando por la parte superior de tu cabeza, llega hasta el área del corazón y reemplaza el verde.

A continuación, atrae energía de la tierra por tus pies, imaginando un hermoso color rojo rosado. Atrae esto hacia arriba hasta el centro del corazón donde se mezcla con el blanco para crear un rosa maravilloso. Deja que este rosa, una mezcla de las energías de la tierra y cósmicas, se desborde hacia abajo por tus brazos y salga a través de tus manos y a través del cristal, proyectándose como un rayo brillante desde la punta del cristal y llenando al paciente con una energía rosa amorosa.

Sostén esta visualización todo el tiempo que sientas que sea necesario y agrégale cualquier técnica de sanación que te funcione bien.

Después imagina que la energía se retira regresando a tu centro del corazón, separándose en rojo y blanco y retornando a la tierra y a los cielos respectivamente, mientras le agradeces a las energías involucradas por su ayuda.

Otra vez, ve el verde y deja que se desborde y te rodee a ti y a tu paciente.

Dale las gracias a las energías de la Naturaleza por su colaboración y permite que suavemente se desvanezca el verde.

Si lo deseas, puedes poner un poco de música suave durante la sesión, y/o quemar incienso o aceites aromáticos. También puedes usar los Remedios/Esencias Florales cuando lo sientas apropiado.

Conscientemente agradécele a la energía de tu cristal y límpialo cuando lo sientas adecuado.

Como el cuarzo es un cristal de propósitos múltiples con una afinidad en espectro visible, es conveniente para trabajar con la energía del color. Por la fuerte conexión entre la luz, el color y los cristales de cuarzo, observemos las cualidades de los ocho colores distintos —los siete colores del arco iris, más el primer color de la siguiente octava que es el rosa magenta.

Algunas de estas cualidades son simbólicas, ya sea universal, cultural o personalmente y algunas tienen un efecto psicológico. También existe un lazo muy fuerte entre el color y nuestras emociones que se refleja en el aura. Los que tienen la visión de la clarividencia pueden decir que emociones predominan al interpretar los colores que ven en el aura. Tenemos un poco de idea de la manera en que esto funciona, porque utilizamos un lenguaje de color para describir algunas emociones, como "rebosante de salud"[1], "viendo el mundo a través de un cristal color de rosa", "estar furioso"[2], "verde de la envidia" o "estar deprimido"[3]. Las investigaciones también han demostrado que el color tiene un efecto físico definido y por estos efectos recomiendo que nadie experimente con los colores para tratar un trastorno emocional o un problema físico sin consultarlo con un Terapeuta del Color calificado, o estudiar el tema a fondo. Sin embargo, puedes desear experimentar creando un ambiente o una disposición con colores y cristales.

Rojo

Empezando con el color más denso con la longitud de onda más larga, se piensa que el rojo es el primer color percibido por los bebés, o por alguien que no haya estado expuesto a la luz durante mucho tiempo. Es el color que se mueve más rápido en cuanto a que lo capte el ojo y tenga el mayor impacto.

Es un color estimulante - dominante, directo, con don de mando, ama la autoridad, puede ser mandón,

[1] N. del T. En inglés 'in the pink'.
[2] N. del T. En inglés 'seeing red'.
[3] N. del T. En inglés 'having the blues'.

muestra fuerza de voluntad y valor. Representa el amor físico, la nueva vida, nuevos inicios, activación, afecto, buena voluntad y prosperidad. Es extrovertido, impulsivo, agresivo, vigoroso, ambicioso, optimista e impaciente.

Se dice que tiene un efecto estimulante y vigorizante en el cuerpo físico y las pruebas han demostrado que si estamos rodeados por un entorno rojo se incrementa el ritmo cardiaco, puede subir la presión arterial y la respiración puede ser superficial. Puede ser útil para la circulación y estimula los sistemas nervioso y muscular. Aumenta la vitalidad y ayuda a que se alivie la anemia y la hipotermia. No se recomienda para alguien cuyo sistema tenga un exceso de rojo, o en casos de problemas cardíacos.

Un rojo claro en el aura muestra una fuerza vital fuerte y llena de vida y una persona que probablemente sea líder. Un aura con muchas motas rojas indica irritabilidad intensa.

El color complementario del rojo es el azul turquesa. El color complementario, es el color al que el ojo se ajusta después de haber sido saturado por un color cualquiera por mas de 15 a 20 segundos. Este efecto puede notarse al ver, digamos el color verde por 20 segundos o algo así, después viendo un fondo blanco, el color complementario se observará por el mismo lapso de tiempo. En este caso verás el color magenta. Este efecto se llama imagen consecutiva.

Naranja

Se hace referencia de este color como el "Beso de la vida". Es el color de la salud y la vitalidad. El naranja es el color cálido del "afecto" —el rojo puede desviarse hacia los azules mas refrescantes y el amarillo hacia los verdes mas refrescantes, pero el naranja siempre es cálido.

El naranja es el color de la tierra, asociado con el otoño. Es saludable y sencillo pero puede tener tonos exóticos que nos recuerdan las mantas de especies y azafrán.

Inspira confianza, fomenta la ambición, despierta las cualidades creativas y el uso de la imaginación. Es alegre, optimista, agradable y sociable. Ayuda a expandir los horizontes de la mente. Es el color de la alegría, lleno de entusiasmo, espontaneo, jovial, llamativo y de buena naturaleza.

Se dice que en el cuerpo físico estimula el ritmo metabólico, ayuda en casos de asma, alivia los trastornos de indigestión, calambres y espasmos y generalmente tiene un efecto de limpieza en el sistema.

El naranja en el aura, denota vitalidad y alguien que tiene reacciones rápidas. La gente con mucho naranja se orienta a la acción y puede estar interesada en los deportes. Puede denotar extravagancia y una sociabilidad y buena voluntad en general.

Su color complementario es el azul.

Amarillo

El amarillo siempre es comparativamente un color claro, porque cuando deja de ser claro deja de ser amarillo. Por ello es el símbolo natural de la iluminación.

El amarillo incrementa el auto control, abre el intelecto y activa la sabiduría. Es el color del gozo y la alegría. Estimula la inteligencia, la lógica y la imaginación del cerebro, ingenuidad, decisión, discernimiento, optimismo y un sentido de razón, filosofía y astucia.

Se dice que el amarillo actúa en el bazo, páncreas, hígado y riñones. Ayuda a la digestión y descongestiona las condiciones lentas. Incrementa el flujo de los fluidos vitales en el cuerpo y tiene un buen efecto en los sistemas nervioso y linfático.

El amarillo en el aura muestra un intelecto fuerte con capacidad para concentrarse. La gente con mucho amarillo es muy capaz y buena en la organización. El amarillo dorado muestra un intelecto desplazándose hacia la sabiduría, que está inspirado y es creativo.

Su color complementario es el violeta.

Verde

El verde está asociado con el equilibrio y la armonía, se relaciona con el crecimiento y la fertilidad. El verde es el color mas tranquilo para los ojos, ya que los lentes del ojo enfocan la luz verde casi exacta en la retina. Por tradición, los teatros tienen una Sala Verde para que los actores/actrices puedan descansar sus ojos (y sus nervios) después del resplandor de las luces del escenario.

Es el color del crecimiento, esperanza, evolución, equilibrio, armonía, conocimiento y da una sensación de libertad y de amplitud. Relaja las emociones ya que tiene una cualidad neutral, ayuda a calmar los nervios y alivia la ansiedad. Da autocontrol y ayuda a que uno se sienta centrado, simboliza la justicia, simpatía, entendimiento, humor, adaptabilidad y conscientización. También se le asocia con la prosperidad y la abundancia.

Se dice que el verde en el cuerpo físico es un gran armonizador y equilibrador. Ayuda a la formación del músculo y los tejidos, contra los catarros y la gripe y es bueno para aliviar los dolores de cabeza, particularmente los provocados por la vista cansada. Puede ayudar a controlar la presión arterial y es útil para aliviar la fiebre del heno, neuralgia, bilis, malaria y los efectos del shock.

Un verde claro en el aura muestra vitalidad del corazón, creatividad y buenos sentimientos. Usualmente es alegre, optimista y equilibrado, la gente con demasiado verde muchas veces está sintonizada con el mundo natural y puede sentirse atraída a las artes de la sanación.

El color complementario del verde es el magenta.

Azul Turquesa

El color del cielo y del mar de un día soleado, el turquesa se está convirtiendo rápidamente en un color muy popular. Es uno de los colores favorables para casi todas las complexiones. El turquesa es el color de la claridad y la comunicación, es de gran ayuda para todos los que enseñan o dan conferencias. Es dueño de si mismo y refinado siendo el primer color que saca las cualidades mas espirituales ya que confiere claridad espiritual así como mental y emocional. Ayuda en los procesos de transformación y fomenta un cambio en la consciencia. Es refinado, sereno y sensible.

Se dice que su cualidad astringente es de gran ayuda para aliviar la comezón y las picaduras y es especialmente bueno para los problemas de la piel y para aliviar las condiciones de inflamación, quemaduras, picaduras e hinchazón. Puede ayudar al sistema inmunológico y es bueno para los problemas en la garganta.

El turquesa en el aura muestra claridad mental y un pensamiento rápido. También muestra los inicios de una expansión espiritual y los que tienen mucho turquesa pueden ser altamente intuitivos.

Su color complementario es el rojo.

Azul

El azul es el pacificador de los colores. Es calmante, soporífico y representa verdad, confianza y seguridad. Es el color de la espiritualidad y promueve el gozo, es confiable y constante, indica refinamiento, belleza y serenidad. El azul nos da aspiración, fe, paz, tranquilidad, devoción, lealtad, confiabilidad, estabilidad, inventiva, discreción, paciencia e imperturbabilidad.

En el cuerpo físico, puede bajar la presión arterial y el ritmo del pulso y nos ayuda a respirar mas profundamente. Induce el sueño, es antiséptico y astringente. Ayuda a reducir la inflamación, alivia dolores de cabeza, trastornos de la tiroides, problemas de la garganta e insolación o acaloramiento.

El azul en el aura muestra honestidad, integridad, confianza y nuevamente es un color de claridad y muestra honradez, desprendimiento y una naturaleza refinada y pacífica. Algunas veces indica a una persona que se siente atraída a la vida devocional.

El complementario del azul es el naranja.

Violeta

El violeta fomenta la autoestima, la inspiración, las habilidades artísticas y psíquicas e indica idealismo, auto sacrificio, serenidad, tranquilidad, aplomo y humildad. Puede tener una connotación lujuriosa y puede ser sensual. Da intuición, integración, idealismo práctico, percepción, fluidez, articulación, coordinación y un sentido de unidad. También da una sensación de oportunidad y está asociado con la ceremonia y el ritual. Es un color dignificado que no siempre parece ser apropiado para el uso cotidiano.

En el nivel físico, se dice que actúa en la glándula pituitaria, ayuda a los trastornos nerviosos y los problemas mentales, alivia los trastornos emocionales excesivos. Puede ser particularmente útil en casos de obsesión mental. Ayuda a sanar los problemas en los ojos, los oídos y la nariz, trastornos en el cuero cabelludo, congestión nasal y sinuidal, en general purifica.

El violeta en el aura muestra una naturaleza creativa y artística que muchas veces es inspirada e intuitiva. El violeta indica a una persona que es contemplativa y aspira a ser espiritual y con mucha frecuencia tiene una mente insólita y está dispuesta a expandir su pensamiento dentro de áreas desconocidas.

Su color complementario es amarillo.

Magenta

Se llama así porque el color fue "descubierto" como pigmento en el año de la Batalla del Magenta. Este color rosa liláceo representa el amor espiritual y la amistad universal, el afecto, la ternura y la simpatía. Tiene un sentido de la divinidad y una gran compasión. Da equilibrio, reverencia, dedicación, maestría, realización y actualización. Nos saca adelante cuando tenemos problemas y tiene un gran sentido de unidad, lo cual une a la gente.

Se dice que en un nivel físico es un tónico para la energía agotada, ayuda a destruir las bacterias, mejora la circulación, es benéfico para el cabello, las uñas, la piel y ayuda a aliviar el reumatismo.

El magenta en el aura muestra una naturaleza compasiva, alguien que es bueno para unir a la gente y que se identifica bien con la gente.

Su color complementario es el verde.

Los terapeutas usan cristales de cuarzo en el cuerpo, ya sea colocándolos directamente en el área del problema o en los chakras. Aquí es donde es útil tener cristales de cuarzo programados para un color específico, como se mencionó en el Capítulo 6.

Tanto en la terapia de color como de cristales, igual que con otras terapias, muchas veces se hace hincapié en los chakras. Hay siete chakras o vórtices de energía principales que actúan como un área de intercambio/conexión con los reinos de la energía sutil o aurica. Chakra es una palabra que en Sánscrito significa Rueda, ya que los Clarividentes ven los Chakras como ruedas que giran. Tienen conexiones importantes con el sistema endocrino en el cuerpo físico y cada uno de los chakras se relaciona con una glándula o área específica del cuerpo. El 1er. Chakra, o base, está conectado a la base de la columna, el 2° al bazo o centro sexual, el 3° al plexo solar, el 4° al corazón, el 5° a la garganta, el 6° al área del tercer ojo en la frente que se conecta con la glándula pineal y el 7° a la corona en la cabeza que se conecta con la glándula pituitaria. Cada chakra se relaciona con un color:

1° - Rojo
2° - Naranja
3° - Amarillo
4° - Verde
5° - Azul
6° - Indigo
7° - Violeta

Puede existir una correlación entre los chakras del cuerpo humano y los sitios de poder o lugares sagrados en el cuerpo del planeta tierra. Se ha insinuado que existe un vórtice de energía en esos sitios que puede verse muy semejante al chakra humano, aunque obviamente en una escala mucho mas grande.

Para trabajar en los chakras, evidentemente necesitas tener conocimiento de las energías sutiles y de los chakras para que estés consciente de lo que estás haciendo. Si esto te interesa te recomendamos que busques un libro con el tema del Aura, Energías Sutiles y los Chakras para que te guíe.*

Puedes desear utilizar un péndulo de cristal de cuarzo con el propósito de la sanación. Tienes la ventaja de poder programar el péndulo de cristal para detectar y sanar los desequilibrios en el cuerpo físico/sutil de tu paciente. Un método que se recomienda es, acostar al paciente sobre una superficie plana, usualmente el suelo y usando un péndulo de cristal programado adecuadamente, guía el péndulo sobre todas las áreas del cuerpo. Cuando el péndulo empieza a oscilar, si lo hace, se dice que indica un área de desequilibrio. Sostén el péndulo en esa posición hasta que deje de oscilar en una dirección y empiece a oscilar en la dirección opuesta. Se dice que esto sana el desequilibrio. Cuando entonces deje de oscilar por completo, dirígete a una nueva área hasta que completes tu exploración.

Muchos sanadores usan sus manos como enfoque para su sanación y tienen la experiencia de sentir sensaciones en las palmas de las manos cuando la energía fluye a través del sanador hacia el paciente. Existe, de hecho, un chakra menor en la palma de cada mano, así como hay en otras partes del cuerpo.

* Libros recomendados de esta misma editorial.
    Nuestro arco iris... el Aura
    El Aura 100 preguntas y respuestas
    Chakras 100 preguntas y respuestas

Es fácil integrar un cristal en este método de sanación. Es una buena elección un cristal con doble terminación y puede prepararse de una manera adecuada y programarse para amplificar la energía de sanación. Sostén el cristal en cualquier mano que sientas que es mejor para ti, en el pulgar y entre el índice y el dedo medio de modo que un extremo de la doble terminación esté apuntando hacia la palma de la mano y el otro extremo hacia el paciente, a donde sea apropiado. Imagina que la energía sale fluyendo de la palma de tu mano, a través del cristal. Con un cristal con doble terminación la energía fluirá en ambas direcciones y la palma de tu mano arqueada actuará en gran parte como el área curva del satélite y además amplificará el efecto, para que la energía de sanación sea mucho mas poderosa.

Si sólo tienes acceso a un cristal con una sola terminación, usa la misma técnica, aunque la energía solo fluirá en una dirección aún será amplificada por el cristal.

Para dar energía a las manos antes de la sanación, rueda un cristal entre tus manos de un lado al otro, de 45 a 60 segundos.

Para reenergetizar el cuerpo en general, hay un par de técnicas recomendadas por Randall y Vicki Baer en su libro "Ventanas de Luz". Coloca la cara principal de un cristal sobre el área del pulso y para un efecto mas benéfico haz esto en el exterior, directamente en el rayo del sol o coloca cristales en la parte interior de ambas muñecas con las puntas hacia el cuerpo y concéntrate en atraer energía hacia todo el cuerpo, nuevamente es preferible mientras estés sentado en la luz solar.

Otras recomendaciones incluyen la sintonización de las líneas de los meridianos usando un cristal con doble terminación y colocándolo entre el pulgar y el índice de la misma mano (de modo que las puntas se presionen ligeramente en las yemas de los dedos). Dale vueltas a este cristal con la mano opuesta de 30 a 60 segundos. Repite en cada dedo de cada mano.

Para ayudar a disipar áreas específicas de tensión y de inarmonía, programa un cristal para absorber los desequilibrios y después colócalo en la posición deseada y siente o imagina que atrae estas energías hacia sí mismo. Después remplázalo con otro cristal en la misma posición de 5 a 10 minutos para impregnar el área con energías de sanación positivas. Después limpia y agradécele a los dos cristales.

Para una sanación rápida de cicatrices, erupciones, etc., expón un cristal a la luz solar de 2 a 4 horas e inmediatamente colócalo en la piel de 15 a 30 minutos. Haz esto de 1 a 3 veces al día. Nuevamente agradece y limpia el cristal.

También se ha sugerido que podemos usar el cristal de cuarzo para que nos ayude a protegernos de las vibraciones indeseables, como la longitud de onda FEB (Frecuencia extremadamente baja) que se sospecha que trastorna y entorpece el sistema inmunológico del cuerpo. Una fuente común de FEB viene de las líneas de poder de alto voltaje y algunas transmisiones de radar y de radio. Estas frecuencias pueden atravesar el agua y casi todas las demás barreras. Las Televisiones a Color, Computadoras y Hornos de Microondas también emiten radiación que puede no ser favorable para la buena salud y estamos, en este momento en particular de nuestra evolución, inmersos en lo que podría ser una radiación de contaminación electromagnética.

Es posible programar un cristal para que reciba todas las vibraciones benéficas pero excluya las vibraciones negativas o dañinas. También se ha insinuado que el cuarzo tiene la habilidad de protegernos de las energías radioactivas indeseables de bajo nivel. Obviamente este es un tema que necesita mas investigación y experimentación pero el cuarzo bien puede desempeñar un papel importante en esta área en el futuro.

Rejillas de Cristal

Antes de que discutamos el tema de las Rejillas en relación con la sanación, necesitamos observar brevemente la ciencia de la geometría sagrada.

Parece que la geometría es la matriz subyacente de la manifestación física, particularmente con respecto a los ángulos (¡la misma palabra está estrechamente relacionada en la forma con la palabra ángeles!). En el estudio de la geometría sagrada, distintos modelos parecen tener o contener, diferentes cualidades. El Triángulo, el Pentagrama, la Estrella de David de 6 Puntas, la Estrella de 7 Puntas, la Estrella de 12 Puntas, parecen ser todas sumamente importantes y la diferencia principal entre cada una de estas es el tamaño de sus ángulos.

En el libro *La Conexión del Cristal*, por Randall y Vicki Baer, ellos mencionan:

"Igual que con las pirámides y también con todas las formas cristalinas: las proporciones angulares son la clave para crear un resonador de formas de energía que reciba selectivamente un aspecto deseado del espectro de la energía universal..."

"Cada ángulo, en relación con otros ángulos en una forma de cristal integrada desempeña un papel contribuyente en la ecuación colectiva numerológica-geométrica que es la forma" y "Por ejemplo la única diferencia entre cualquier elemento dado en el Diagrama Periódico de los Elementos es su ángulo de cristalización en la materia..."

Robert Lawlor en *Geometría Sagrada: Filosofía & Práctica*, afirma:

"Las formas de Geometría Sagrada son vehículos que se convierten en canales a través de los cuales la tierra pueda recibir la vida abstracta y cósmica de los cielos".

Por lo tanto, podemos percibir que la geometría y en particular los ángulos, son de una importancia primordial en nuestra realidad concentrada en la forma.

Parecería que cada forma geométrica crea un arreglo de patrones de energía semejante en un nivel vibratorio. Podría ser que ciertos atributos, cualidades o posiblemente arquetipos sean activados por estos patrones de energía, creados por las formas geométricas. Por ejemplo el cuadrado, se ha usado para simbolizar las energías de la tierra y el poder de las 4 direcciones. El triángulo representa la trinidad, la estrella de 5 puntas representa los cinco elementos (4 mas el éter) o el hombre perfecto. La estrella de 6 puntas representa la unión entre lo espiritual (el triángulo hacia abajo) y la raza humana (el triángulo hacia arriba).

En el estudio de la Astrología uno de los elementos que se toma en cuenta cuando se interpreta una carta natal es, como interactúan entre sí los planetas. Estos aspectos, ya que así se les llama, se juzgan al medir los ángulos entre los planetas en relación con el punto central de la carta o círculo. Por ejemplo, 2 planetas opuestos entre ellos están a una distancia de 180° y este aspecto se llama apropiadamente una Oposición. Para formar un aspecto de Trino, 2 planetas estarán a una distancia de 120°, un Sextil, 2 planetas se encuentran a una distancia de 60°, y una cuadratura, 90°. Curiosamente los dos aspectos mas armoniosos son el Trino a 120° y el Sextil a 60°.

Siguiendo las enseñanzas de Pitágoras, Platón aplicó las matemáticas para explicar la estructura del Universo usando justamente 3 formas básicas —el triángulo, el cuadrado y el pentágono. Al usar estas tres formas y sus radios que las generan, el pudo mostrar que esto producía 5 sólidos regulares, llamados Los Sólidos Platónicos, que son el Tetraedro, Octaedro, Hexaedro (Cubo), Icosaedro y Pentagondodecaedro (Ver figura 13). Estas 5 formas, son las únicas formas posibles en la geometría tridimensional que están relacionadas por superficies planas teniendo exactamente la misma forma y tamaño. En cada una de estas 5 formas y en ninguna otra, los ángulos entre las caras y los ángulos entre los bordes son iguales y el tamaño y el área de cada una de las caras es el mismo.

Se supone que cada una de las formas equivale a un elemento, el Tetraedro al fuego y al color rojo, el Octaedro al aire y al color amarillo, el Hexaedro a la

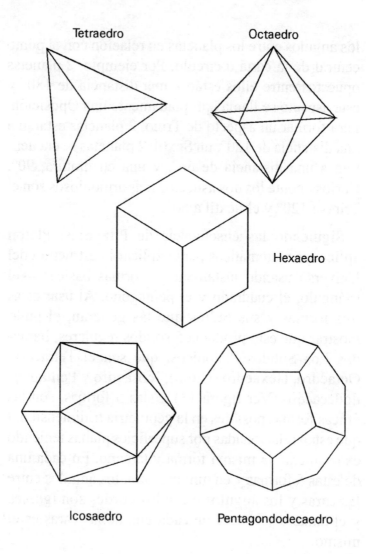

Figura 13

Los Sólidos Platónicos

tierra y al color verde, el Icosaedro al agua y al color azul y el Pentagondodecaedro al éter y al color violeta. El éter es la substancia, que según los místicos, impregna todo el espacio y contiene los otros 4 elementos.

Estos diseños geométricos aparecen en los mundos de las plantas, los animales y los humanos y es interesante observar que en cada una de estas 5 formas, el triángulo fue considerado como elemento esencial.

En su libro *Forma, Sonido, Color y Sanación*, Theo Gimbel dice:

"Como todas las proporciones astronómicas y universales, de uno u otro modo están relacionadas con los 5 Sólidos Platónicos (también encontramos esta ley reflejada en las estructuras geológicas de los cristales y aún más hasta la estructura molecular de la cristalización) ¿No es una buena razón para usar tales patrones matemáticos, geométricos y en efecto sanadores?".

Mencionamos en el Capítulo 3 de los Sólidos Platónicos, el Tetraedro es el componente esencial básico de la estructura atómica del cuarzo. En la geometría esotérica tanto el Tetraedro como la Pirámide son formas importantes. En efecto la Pirámide es la mitad de un Octaedro y se ha insinuado que en donde aparezca la Pirámide, sea como un sólido o como una estructura abierta, siempre hay una Pirámide con la punta hacia abajo reflejada en el campo de la energía sutil, creando por ello un Octaedro en términos de energía.

Recientemente se insinuó en el vídeo de Richard Hoagland llamado "Monumentos en Marte" que nuestro planeta, junto con otros planetas del sistema solar, tienen fuerzas Tetraédricas subyacentes dentro de la estructura planetaria. Tal vez este es otro ejemplo del antiguo dicho "Como es Arriba —es Abajo".

Curiosamente la entidad canalizada Lazaris, cuando habla sobre el Plano Causal de nuestra realidad física afirma que todo existe en el Plano Causal en forma geométrica. También Theo Gimbel, El Terapeuta del Color que se mencionó previamente, ha estudiado minuciosamente los Sólidos Platónicos y en su libro Forma, Sonido, Color y Sanación, él insinúa que la Esfera es la No-Forma y que los Sólidos Platónicos se cristalizan por la forma esférica oportuna de la tierra.

No es posible crear una rejilla con menos de 3 cristales. La primer rejilla está basada en un triángulo, y como lo vimos previamente, hay una fuerte conexión entre el triángulo, el cristal de cuarzo y la estrella de 6 puntas (2 triángulos entrelazados).

Por lo tanto fue muy interesante descubrir que el Jardín Perelandra, El Centro de Investigación de la Naturaleza en Virginia, USA, mencionado anteriormente en conexión con el Cristal Genesa, utiliza una técnica relacionada con el crecimiento de las plantas que se menciona como Triangulación.

Esto se discute en el Libro de Trabajo II del Jardín Perelandra donde la información recibida por Machaelle Small Wright de los niveles Espirituales Dévicos y de la Naturaleza, menciona que el triángulo crea una configuración de energía incrementada que aparentemente equilibra y fortalece cada punto del triángulo mil veces. Parece que los 3 puntos del triángulo necesitan colocarse "correctamente" con respecto a cada uno y a sus alrededores. Mencionan que las plantas crecen en configuraciones triangulares para ayudar a estabilizar cada planta.

Aparentemente, cuando en la tierra fue "dominante la naturaleza" había una fuerte red de triángulos que creaban una rejilla línea-ley de la naturaleza. Parece que los humanos han fracturado esta "energía-ecología" del mismo modo que han fracturado la ecología física del planeta y ahora sólo hay unos cuantos triángulos operando en esta rejilla de la línea-ley de la naturaleza. Sugieren que el sistema de jardinería co-creativo como lo describió Machaelle en los libros de trabajo de Jardinería, es un excelente medio para establecer triángulos.

Los conceptos de Triangulación necesitan comprenderse en el amplio contexto de las técnicas de Jardinería Co-creativa que se discuten en ambos

Libros de Jardinería que están disponibles directamente con Perelandra Limited. (Incluí su dirección después de la Bibliografía).

El cristal de cuarzo se cristaliza en ángulos precisos, su estructura externa es un reflejo de la estructura atómica interna. Los dos ángulos pertinentes son 60° y 120°, la estructura geométrica subyacente es la Estrella de David y el Hexágono, siendo uno la estructura interna del otro.

Muchos sanadores de cristales lo han investigado y experimentado, usando cristales de cuarzo en una rejilla. El principio subyacente es, alterar la calidad de la energía dentro de la rejilla para incrementar la sanación o producir un cambio en algún nivel.

El Dr. Frank Alper ha diseñado y trabajado con patrones de rejillas y desarrollado, vía canalización, varios patrones de rejilla incluyendo la configuración de la Estrella de David y la configuración de Estrella de 12 Puntas, que muchas veces son utilizadas por los sanadores de cristales.

Randall y Vicki Baer, Geoffrey Keyte y Catherine Bowman también mencionan rejillas en sus obras.

En su libro *La Conexión de Cristal*, los Baer afirman:

"En todas las rejillas se forma una matriz colectiva para las interacciones vibratorias, intensificadas en una manera estable y controlable".

También mencionan como forma la rejilla un mandala de energía. Al usar configuraciones precisas, en la cual las puntas de los cristales tienen una alineación exacta, la energía que sale concentrada de las puntas forman un patrón de interferencia creando por ello un mandala de energía. Este mandala de energía, igual que la estructura molecular del cristal, es altamente organizada y ordenada, cualquier cosa que esté dentro de la configuración está sujeta por lo tanto a esta energía altamente organizada. Debido a esta resonancia afín, cualquier cosa que esté, aparentemente, desalineada será atraída de regreso a la alineación por la estructura altamente ordenada dentro del entorno de la rejilla.

Parece que hay algunas diferencias en los diversos métodos sugeridos para crear las rejillas.

El trabajo del Dr. Alper sugiere que los cristales deben colocarse a lo largo en las diversas configuraciones. En otras palabras no apuntando hacia adentro (ver Figura 14).

El trabajo de los Baer sugiere que todos los cristales deben apuntar hacia adentro, hacia el centro en una relación angular precisa, para crear un patrón de rejilla de energía, el cual puede visualizarse como un mandala de energía (ver Figura 15) esto muestra como interactúan las frecuencias en la forma de patrones de interferencia, como ondas que emanan varias

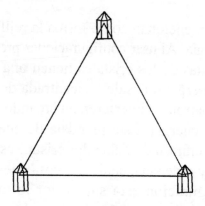

Figura 14

Triángulo

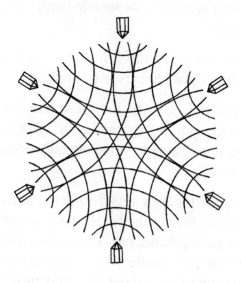

Figura 15

Patrón del Mandala de Energía

piedras que lanzas a un estanque. Las intersecciones de estas ondas producen el mandala de energía.

Es muy probable que ambos métodos sean viables y muchos trabajadores de cristales están haciendo más investigaciones actualmente. Laurence E. Badgley, sanador de cristales, insinúa que cuando un cristal se sostiene de lado hay una capa de energía aurica que es benéfica emitida de los lados del cristal.

Los patrones básicos de rejillas son:

Triángulo (ver Figura 16)
Estrella de 6 Puntas (ver Figura 17)
Estrella de 12 Puntas (ver Figura 18)
Pentágono (ver Figura 19)

Hay muchos otros patrones de rejillas, algunos basados en el uso de 8 ó 10 cristales y otros que utilizan espirales y círculos, sin embargo, algunos de estos pueden llegar a ser muy complicados. También hay rejillas que utilizan drusas que crean un tipo de energía diferente. También se recomienda en las obras del Dr. Alper que las drusas deben estar apoyadas en un filamento de alambre de cobre, conectando con eso las energías. También es posible envolver cada cristal por separado en una rejilla con cobre, plata u oro y conectar cada cristal en la rejilla entre ellos con una pieza continua de alambre.

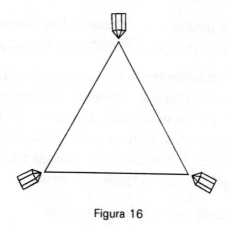

Figura 16

Triángulo

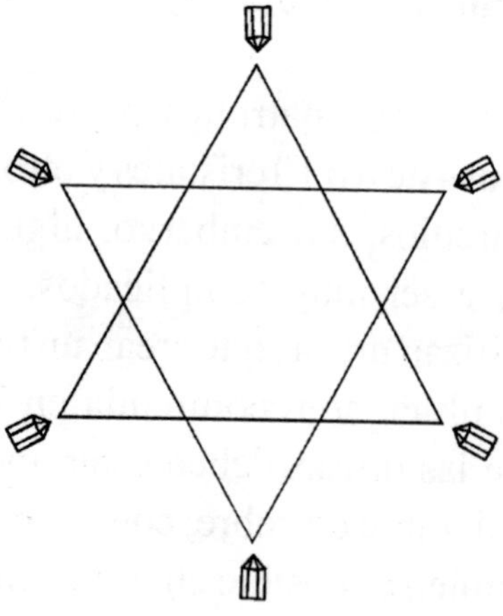

Figura 17

Estrella de 6 Puntas

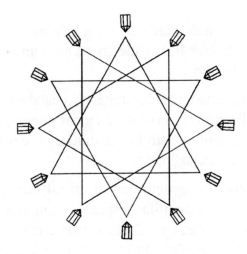

Figura 18

Estrella de 12 Puntas

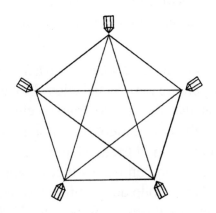

Figura 19

Pentágono

Las rejillas tridimensionales también pueden crearse colgando los cristales desde arriba así como colocándolos en el suelo.

Muchos sanadores de cristales, cuando usan una rejilla utilizarán un cristal adicional conocido como Cristal Generador. Esto lo usa muchas veces el sanador para "conectar" la rejilla.

El practicante apunta con el cristal Generador al primer cristal en la rejilla, después rodeando en círculo las demás piedras, apuntando a cada cristal en turno, conectando y unificando el campo de energía. Este cristal Generador muchas veces se le da al paciente, el cual se encuentra sentado o acostado en la rejilla, para que lo sostenga durante la sesión de sanación.

El trabajo de sanación que se hace en la rejilla puede amplificarse usando el sonido, la música, el color y los aromas.

El Chaman Indio Americano utiliza la medicina del cristal transparente para la sanación. El Chaman cree que los cristales de cuarzo transparentes tienen el poder para trabajar con todos los colores y los chakras y hacer la conexión entre la Mente y el Cuerpo. Los cristales se utilizan con otros objetos sagrados como las plumas. Un método que se utiliza es recostando al paciente con la cabeza y los pies hacia direcciones específicas, dependiendo de la dificultad que se experimente. Se colocan diez cristales, primero en la posición en círculo alrededor de la persona. Después los 7 cristales se colocan en los chakras. Un octavo cristal se usa para regir todo el cuerpo físico y un noveno, el campo aurico. El décimo cristal lo sostiene entonces el Chaman, que lo utiliza como un cristal para ver. Durante el trabajo de sanación, los cristales se abanican con las plumas para despertarlos y al aura del paciente también se le dan golpes con las plumas.

El investigador del cristal, Marcel Vogel, corta y pule los cristales con ciertos ángulos para que coincidan con el valor vibratorio del agua pura (es decir, oscilan a la misma frecuencia, 454 ciclos por segundo).

El utiliza cuatro, seis y ocho lados para cortar los cristales. Los cristales de ocho lados se usan para problemas que impliquen trauma o shock severos, etc. Los de seis lados se usan para las emociones y los de cuatro lados para un tratamiento general en el cuerpo físico. Vogel usa estos cristales cortados especialmente en un tratamiento que desarrolló llamado "medicina de transformación" y también utiliza las técnicas de respiración y una disposición por parte del paciente para liberar los problemas.

Durante mi investigación de este libro me topé con un libro bastante raro llamado Surfers of the Zuvuya escrito por José Argüelles. El Dr. Argüelles descifró el código armónico profético de la antigua civilización Maya e inició la Convergencia Armónica de la Tierra en Agosto de 1987. Yo estaba muy interesada e intrigada, por alguna información relacionada en el libro con José Argüelles, lo cual indicaba que los cristales son una especie de Medicina de la Tierra que atraemos cuando estamos "descentrados" o "desentonados", para regresarnos al equilibrio y a la armonía y para sanar nuestra relación con la Tierra. Sigue diciendo "Como la Tierra es la que los produce. Desde el punto de vista de la Tierra, no hay nada más común que los cristales de cuarzo y todos sus relativos cristalinos, son como nodos de información o de inteligencia, ¡o hasta neuronas! Cada uno es especial, y sin embargo cada uno contiene el holograma de la Tierra. Pero ese es el punto. La Tierra es un planeta de cristal." ¡Fascinante!!

Por lo que hemos dicho es evidente que como los cristales principalmente son una herramienta primordial para facilitar la sanación y para enfocar la consciencia, la forma en que se utilicen puede ser tan simple o tan complicada como lo desee la persona.

Esto significa que nadie necesita quedar excluido de utilizar cristales como una herramienta, ya sea para sanación o con cualquier otro propósito, porque pienses que debas ser "inteligente" o "experto" para usarlos. Cuando realmente nos volvamos sorprendentemente inteligentes, ya no necesitaremos cristales como "herramientas", ¡de hecho probablemente ya no necesitaremos ninguna herramienta!

Simplemente es cuestión de preferencia el que un sanador utilice los cristales. Un sanador debe poder trabajar bien, directamente con su consciencia y creo que con el tiempo esto será lo único que se necesite. Sin embargo, mientras estamos desarrollando ese nivel de la consciencia clara del cristal tiene sentido, que si lo deseamos, utilicemos una herramienta hermosa y maravillosa, el cristal de cuarzo.

Al trabajar con el cuarzo, muchos se inspirarán para estudiar y utilizar la increíble gama de obsequios del reino mineral y el uso de los cristales, gemas y minerales, junto con las esencias florales, las hierbas, los aceites esenciales, los colores, el sonido, la música, el movimiento y el masaje, etc., proporcionarán la estructura para la danza de la sanación y deberemos convertirnos, en el proceso, en un cristal transparente.

BIBLIOGRAFÍA

Lazaris Interviews Book II, Concept Synergy Publishing, Beverly Hills, 1988

The Windows of Light, Randall & Vicki Baer, Harper & Row, Nueva York, 1984

The Crystal Connection, Randall & Vicki Baer, Harper & Row, Nueva York, 1987

Cosmic Crystals, Ra Bonewitz, Turnstone Press, Wellingborough, Northants, 1983

The Cosmic Crystal Spiral, Ra Bonewitz, Element Books, Shaftesbury, Dorset, 1986

The Crystal Heart, Ra Bonewitz, Aquarian Press, 1989

Crystal Awareness, Catherine Bowman, Llewellyn, 1987

Crystal Legends, Moyra Caldecott, Aquarian Press, 1990

Gems & Stones, Edgar Cayce, Association of Research & Enlightenment, Virginia Beach, USA, 1979

Healing with Crystals and Gemstones, Daya Sarai Chocron, Samuel Weiser, York Beach, Maine, 1986

Precious Stones, W.B. Crow, Aquarian Press, 1980

Crystal Healing, Phyllis Glade, Llewellyn, 1991

The Crystal Skull, Richard Garvin, Pocket Books, Nueva York, 1974

Gems, Elixers & Vibrational Healing (Vols I & II), Cassandra Press, Boulder Colorado, 1985 & 1986

Power of Gems and Crystals, Soozi Holbeche, Piatkus, 1989

The Healing Crystal, Geoffrey Keyte, Cassells, Londres, 1989

The Mystical Crystal, Geoffrey Keyte, C.W. Daniel Co. Ltd, Saffron Walden, Essex, 1993

The Curious Lore of Precious Stones, George Frederick Kunz, Dover, Nueva York, 1971

Man, Minerals & Masters, Charles Littlefield, Sun Books, 1987

The Healing Power of Crystals, Magda Palmer, Arrow, 1990

Crystal Enlightenment, Katrina Raphael, Aurora Press, Santa Fe, Nuevo México, 1985

Crystal Healing, Katrina Raphael, Aurora Press, Santa Fe, Nuevo México, 1987

Crystalline Transmissión, Katrina Raphael, Aurora Press, Santa Fe, Nuevo México, 1990

The Complete Crystal Guide Book, Uma Silbey, Bantam, 1987

Crystal Power, Michael G. Smith, Llewellyn Publications, St. Paul, 1985

Crystal Spirit, Michael G. Smith, Llewellyn Publications, St. Paul, 1990

The Magic of Precious Stones, Mellie Uyldert, Turnstone Press, Wellingborough, Northants, 1987

Crystal, Gem and Metal Magic, Scott Cunningham, Llewellyn, St. Paul, 1987

Gift of the Gemstone Guardians, Ginny & Michael Katz, Golden Age Publishing, Gregsham, Oregon, 1989

Love is in The Earth - A Kaleidoscope of Crystals, Melody, Earth-Love Publishing House, Wheatbridge, USA, 1991

The Garden Workbook, Machaelle Small Wright, Perelandra, Virginia, USA, 1987

The Garden Workbook II, Machaelle Small Wright, Perelandra, Virginia, USA, 1990

Bio-Dynamics Sprays, H.H. Koepf, Bio-Dynamic Farming & Gardening Association Inc.

Explorting Atlantis, Vol I, Dr. Frank Alper, Adamis Enterprises, 1981

Explorting Atlantis, Vol II, Dr. Frank Alper, Quantum Productions, 1982

Gemstone & Crystal Energies, Thelma Isaacs PhD. Lorien House, 1989

Crystal Diagnosis & Therapy, Laurence E. Badgley

The Illustrated Encyclopedia of Minerals and Rocks, Dr. J. Kourimsky, Select Editions, The Promotional Reprint Co. Ltd, Londres, 1992

Minerals, A Field Guide in Colour, Jaroslav Svenek, Octopus Books, Londres, 1987

Healing through Colour, Theo Gimbel, C.W. Daniel Co. Ltd, Saffron Walden, 1987

Form, Sound, Colour and Healing, Theo Gimbel, C.W. Daniel Co. Ltd, Saffron Walden, 1987

The Life Puzzle, Alexander Cairns-Smith, Oliver & Boyd, Edinburgh, Scotland, 1971

The Art of Astrology, Sheila Geddes, Aquarian Press, Wellingborough, 1980

Earth Mother Astrology, Marcia Starck, Llewellyn Publications, St. Paul, MN, USA, 1989

Supernature, Lyall Watson, Coronet Books, Hodder & Stoughton, Londres, 1973

Sacred Geometry: Philosophy & Practice, Robert Lawlor, The Crossroad Publishing Company, 1982

Stalking the Wild Pendulum - On the Mecanics of Consciousness, Itzhak Bbentov, E.P. Dutton, Nueva York, 1977

Subtle Energy, John Davidson, C.W. Daniel Co. Ltd, Saffron Walden, 1987

Surfers of the Zubaya, José Argüelles, Bear & Co. Santa Fe, Nuevo México, USA, 1989

Audio Tape - Crystals, The Power & Use, Lazaris, Concept Synergy Publishing, Beverly Hills, 1988

Cursos de los Colores asistidos en 1986 y 1987 con Howard Sun y Dorothy Theophilou-Sun of Living Colour, Londres

ÍNDICE

TÍTULOS DE
ESTA COLECCIÓN

Aceites y Velas Angélicas. *Fils du Bois*
Brujería. *Tamara*
El Libro de los Símbolos. *Koch R.*
El Esplendor de los Cristales de Cuarzo. *Jennifer Dent*
El Oráculo de las Runas. Misterios y Realidades.
  L. Cecil
El Tarot. Sus claves y secretos. *Rut-Gar*
Feng Shui. Bienestar - Tranquilidad - Felicidad
  - Salud. *G. T. Bay*
Feng Shui. La Armonía de la Vida. *R. Taylor/W. Tann*
Gnomos, Duendes, Hadas, Trolls... *Varios*
Guía Práctica para Equilibrar tu Casa. Feng Shui.
  M. A. Garibay
Jugando con las Cartas Predices tu Futuro. *Hali Morag*
La Fuerza de los Talismanes y Amuletos. *L. Cecil*
Las Velas y su Magia. *Feu du Bois*
Los Aromas y su Magia. *Fils du Bois*
Los Colores y su Magia. *Fils du Bois*
Los Inciensos y su Magia. *Fils du Bois*
Los Magnetos. *L. H. Rutiaga*
Los Secretos del Péndulo. *Ralph Rutti*
Magia Blanca. Pequeño recetario de hechizos
  y conjuros. *Tamara*
Nuestro Arco Iris... el Aura. *L. H. Rutiaga*
Pentagrama Esotérico. *Filius Nemus*
Trabajando con la Energía de Merlín. *Geoff Hughes*
Tratado de las Artes Adivinatorias. *Anthony Tate*
Yi Ching. Ilustrado. *R. Wilhelm*

Impreso en Offset Libra

Francisco I. Madero 31

San Miguel Iztacalco,

México, D.F.